El SISTEMA INMUNITARIO del ALMA
YO

CÓMO LIBERAR TU SER DE TODO
TIPO DE ENFERMEDADES

El Sistema Inmunitario del Alma

El viaje del reconocimiento a la comprensión, transformación y liberación de todas las enfermedades

Copyright del texto: Mike George, 2014
Traducción del inglés: Núria Riambau

Edición impresa ISBN: 978-0-9576673-6-5

Primera edición en castellano: Barcelona, 2014
805 Bayswater Tower
Al Abraj Street PO Box 211965
Business Bay Dubai UAE.

www.immunesystemofthesoul.com

Pueden adquirirse ejemplares directamente en Amazon o a través de

Gavisus Media (**gavisusmedia@gmail.com**)

Distributor in English: Ingram Content Group

El autor puede ejercer sus derechos morales sobre la obra.

Diseño de cubierta: Antoneta Wotringer
Diseñadora: Charlotte Mouncey www.bookstyle.co.uk

Todos los derechos reservados. No se permite la reproducción parcial o total de este libro por ningún proceso mecánico, fotográfico o electrónico, o en forma de grabación fonográfica; tampoco se permite su almacenamiento en un sistema de recuperación, ni su transmisión o copia de cualquier tipo para uso público o privado, excepto su uso legítimo en citas breves recogidas en artículos y críticas, sin la autorización previa por escrito del editor.

La información contenida en este libro no debe sustituir en ningún caso el consejo de un profesional médico. Consulte siempre a un facultativo. Cualquier uso de la información contenida en este libro queda sometido a la entera discreción y riesgo del lector. Tanto el autor como el editor quedan exentos de toda responsabilidad por cualquier pérdida, reclamación o perjuicio derivados de su uso, o mal uso, o las sugerencias planteadas o el hecho de no buscar el asesoramiento de un profesional médico.

El SISTEMA INMUNITARIO del ALMA YO

CÓMO LIBERAR TU SER DE TODO
TIPO DE ENFERMEDADES

Mike George

¡Dedicado a ti!

Es lamentable, aunque no es de extrañar, que prácticamente no seamos conscientes de lo enfermos que podemos llegar a sentirnos en muchas ocasiones.

En nombre del éxito, algunos de nosotros competimos para acabar más estresados que los demás.

Tras un cálido y alegre saludo, los amigos pronto empiezan a hablar de lo mal que lo han pasado y de lo negro que se presenta el futuro.

A veces comparamos nuestro yo con los demás, muchas veces encontrándoles sus defectos, y nos engañamos pensando que nosotros estamos libres de esas «desgraciadas» características.

Algunos hasta pensamos que nos han herido tan profundamente desde el punto de vista mental y emocional que consideramos estas heridas parte de nuestra identidad.

Después de consumir las imágenes más oscuras y violentas por pura diversión nos preguntamos por qué no adoptamos una actitud más positiva y entusiasta en la vida real.

Espero que estas ideas y reflexiones te ayuden a estar bien, mantenerte bien y seguir bien en un mundo en el que a menudo parece que lo más fácil es sentirse mal.

Otras publicaciones de Mike George

Los 7 mitos del... ¡verdadero amor!
Un viaje desde la mente hasta el centro del alma
ISBN: 978-950-17-0398-6

Transformar la ira en calma interior
Claves para recuperar tu equilibrio emocional
ISBN: 84-9754-262-3

7 estrategias para liberarse del estrés
El factor ¡Ajá!
ISBN: 950-17-2808-0

Aprender a descubrir la paz interior
Guía ilustrada para alcanzar la iluminación personal
ISBN: 84-95456-12-5

Aprender a relajarse
Descubra cómo eliminar el estrés y controlar las emociones negativas
ISBN: 84-89920-49-4

A la luz de la meditación
Una guía para meditar y alcanzar el desarrollo espiritual
ISBN: 950-17-0389-4

1001 meditaciones: para encontrar la paz interior
Descubre la paz de la mente
ISBN: 9788425339509

Suscríbete a *Clear Thinking* (pensamiento claro)

Clear Thinking es una publicación en formato electrónico y de aparición regular (una o dos veces al mes) que Mike divulga entre unas 15.000 personas de todo el mundo. Los temas tratados varían, pero todos van dirigidos a fomentar el aprendizaje y desaprendizaje continuado que necesitas para recuperar la conciencia de tu verdadero yo. Si quieres suscribirte, ve a www.relax7.com o envía un correo electrónico a mike@relax7.com. Es gratuito.

ÍNDICE

PRIMERA PARTE
¿ERES UN SER DE BIENESTAR?

La diferencia entre salud y bienestar	12
La diferencia entre dolor y sufrimiento	15
Comprender el sistema inmunitario del alma	18
El arte[1] de la sanación	22
Fase 1- Reconocimiento de los síntomas	
Fase 2- Comprensión de la causa	
Fase 3- Transformación de nuestro estado de ser	
¿Funciona tu sistema inmunitario?	34

SEGUNDA PARTE
Las 12 enfermedades del alma

1. «Necesito más»
La enfermedad de la ADICCIÓN   39

2. «¡Eso me pertenece!»
La enfermedad de la CEGUERA   44

3. «He perdido algo muy valioso»
La enfermedad CARDÍACA   52

4. «Va a ocurrir algo terrible»
La enfermedad de la PARÁLISIS   58

5. «Deberían hacer lo que yo quiero»
La enfermedad de la LOCURA   67

---

1 N. de la T.: No se puede mantener el juego de palabras del original, ya que en inglés juega con la palabra ART, que además de significar "arte", responde a las siglas de awareness, realization y transformation.

6. «No me merezco tanta amabilidad»
La enfermedad de la DIABETES — 73

7. «He hecho algo mal, así que soy
una mala persona»
La enfermedad de estar INCAPACITADO — 80

8. «Vaya, ¡otra vez ellos!»
La enfermedad de la ALERGIA — 94

9. «Espera a que se lo diga»
La enfermedad de la INCONTINENCIA — 99

10. «Tengo que saber más»
La enfermedad de la INDIGESTIÓN — 164

11. «Siempre tengo razón»
La enfermedad de la ARTRITIS — 110

12. «No se me da bien amar»
La enfermedad del ASMA — 115

TERCERA PARTE
Estar bien - Mantenerse bien - Seguir bien — 123

La primera práctica – MEDITACIÓN — 139
La segunda práctica – CONTEMPLACIÓN — 144
La tercera práctica – APLICACIÓN — 146
La cuarta práctica – CONTRIBUCIÓN — 148
¡Cuatro al día! Y una más — 150
Entrena tu yo mediante el coaching para lograr
el bienestar — 151
Haz tu propio diagnóstico. Parte I — 163
Haz tu propio diagnóstico. Parte II — 165

Agradecimientos y enlaces — 167
Sobre el autor — 168

ESTAR MAL

Un «ser que está mal»,[2] como a veces puede ser tu caso, es muy probable que se sienta encerrado y aislado, a veces ofendido y victimizado, tal vez ansioso y aprensivo, con frecuencia melancólico e incluso deprimido o simplemente frustrado y muy estresado. Dicho de otro modo, crearás y sentirás una mezcla de emociones, todas ellas adaptaciones de las tres familias de emociones que indican malestar: tristeza, ira y miedo. Es probable que el mundo parezca un lugar en cierto modo prohibido y hostil. A menudo no tendrás más remedio que tolerar a los demás. Seguramente muchas veces mirarás atrás, hacia lo que parecían ser tiempos mejores, pero si miras hacia delante, te parecerá que apenas hay luz al final del túnel.

Sin embargo, estar mal suele considerarse algo «normal». Fíjate en muchas de las conversaciones que hay a tu alrededor mientras te tomas un café y verás como el malestar se convierte fácilmente en una forma distorsionada de comodidad por mutuo acuerdo.

---

2 N. de la T.: Para mantener el paralelismo con «estar mal», se ha traducido «being unwell» con una paráfrasis («ser que está mal»), puesto que no es posible usar un único vocablo como en inglés.

ESTAR BIEN

Un «ser de bienestar»,[3] de nuevo tú por ejemplo, está abierto y con buena disposición a conectar con casi todo el mundo. Sentirás un entusiasmo espontáneo, un comportamiento alegre y animado que atraerá a los demás hacia tu aura. Incluso en circunstancias difíciles te mostrarás impasible y capaz de afrontarlas con una facilidad que reforzará el control de tus pensamientos y sentimientos. Tu corazón siempre estará preparado para satisfacer con amor las necesidades de los demás. Te olvidarás con facilidad de las pruebas y tribulaciones de antaño mientras felizmente das paso a un nuevo y brillante mañana.

Estar bien puede parecer anormal para algunos y sin duda fastidioso para muchos de quienes no están bien. Y así es como un «ser de bienestar», en el mundo moderno, a veces parece estar fuera de lugar.

---

[3] N. de la T.: Para mantener el paralelismo con «estar bien», se ha traducido «well-being» por «ser de bienestar», puesto que no es posible usar un único vocablo como en inglés.

YO SOY

No estar bien está de moda, y no por común acuerdo sino por una especie de ignorancia generalizada que tiene una causa original profunda, oculta y muy antigua. Cualquier momento de malestar en tu ser es indicio de que has aprendido a creer que eres otra persona que no es la que realmente eres. No recobrarás el bienestar hasta que sepas que tu yo no es otra cosa que el «yo» que dice «yo soy». Si añades algo detrás de «yo soy», no serás tú. Es una ficción, un constructo, un producto de tu imaginación. Sufrirás como consecuencia de ello, pero es improbable que asocies una cosa con otra porque es improbable que reconozcas que no eres quien crees que eres.

Cuando creas que eres algo más que el «yo» que dice «yo soy», inconscientemente despreciarás tu ser y sabotearás tu naturaleza pacífica y afectuosa. Empezarás a pensar que tienes que «ir a ser» a otra parte, que tienes que «ir a hacer» algo importante, que tienes que «ir a lograr» algo significativo. Todo ello desemboca en una especie de ausencia perpetua de tu propia vida. Estas son las estrategias que utilizamos para evitar ser nuestro propio yo. De ahí viene eso de: «Alguien que intenta ser alguien, no sabe cómo ser».

Ser o no ser, siempre una elección falsa.

Siempre eres el «yo» que dice «yo soy».

Y eso es TODO... lo que eres.

PRIMERA PARTE

¿ERES UN SER DE BIENESTAR?

enfermedad
Condición patológica de una parte, órgano o sistema de un organismo que deriva de diversas causas, como por ejemplo una infección, un defecto genético o un episodio de estrés, y que se caracteriza por un grupo determinable de indicios o síntomas.

enfermedad del alma[4]
Una condición de la conciencia que surge por una pérdida de autorreconocimiento y el apego a una imagen o idea mental caracterizada por un grupo determinable de tipos de pensamientos y emociones y su identificación con dicha imagen o idea mental.

---

[4] N. de la T.: En castellano no se puede mantener el juego de palabras entre «disease» y «dis-ease» empleado en el original, por ello se ha traducido por «enfermedad del alma»

La Diferencia entre Salud y Bienestar

Probablemente estemos viviendo la época histórica con mayor conciencia sobre la salud. En cuestión de horas nos podemos convertir en expertos sobre prácticamente cualquier enfermedad. Haciendo doble clic en el ratón podemos convocar al asesor y gurú internacional en todos aquellos asuntos relacionados con la salud, también conocido como Google, y tener acceso inmediato a los síntomas, causas y curas de miles de dolencias.

Pero ninguno de ellos puede decirnos por qué no estamos bien.

Si introduces en el motor de búsqueda una descripción imprecisa de un bulto, un dolor o un picor, recibirás un alud de informaciones e innumerables diagnósticos posibles. Podrás acceder a distintas interpretaciones, tanto de los tratamientos convencionales como de «conocimientos alternativos», mediante cientos de enlaces en cientos de países. ¿Cómo pudieron sobrevivir nuestros padres sin esto? En realidad, muy bien.

La salud de nuestro cuerpo ya no es motivo de conversación esporádica entre unos pocos; ahora ya es una preocupación obsesiva para muchos. Pero la verdadera pregunta que nos hacemos actualmente no es si tu cuerpo está más o menos sano, sino si eres un ser de bienestar. La salud y el bienestar, aunque evidentemente están conectados, son dos cosas distintas.

La buena salud hace referencia a la forma que ocupamos, pero el bienestar hace referencia a... ¡tu ser! Puedes tener un cuerpo sano pero no estar bien en tu ser. Sin embargo, con el tiempo el malestar de tu ser probablemente se traducirá en una salud que irá deteriorando la forma que ocupas. Puedes estar bien mientras que tu cuerpo puede ser un catálogo de dolencias muy diversas. No obstante, ahora ya sabemos que si cuidas tu bienestar será más probable que ello tenga un efecto positivo en la salud de tu cuerpo, e incluso puede estimular la curación de muchas de estas dolencias.

Nuestro bienestar es primordial y la salud física de nuestro cuerpo es secundaria. Pero sabemos tan poco sobre lo que significa «estar bien» y cómo «mantenerse bien» en nuestro ser, que damos prioridad a nuestra salud física y casi ignoramos el bienestar de nuestro ser.

La ciencia no dice nada sobre el ser

En la era de los médicos especializados es fácil detectar, definir y describir tanto un estado de «buena salud» como las diversas situaciones de «mala salud». Al ser nuestro cuerpo visible y tangible, es fácil averiguar qué va mal, por qué y cómo. Pero, evidentemente, no es tan fácil ver y comprender por qué no estamos bien en nuestro ser. Para la enfermedad física, contamos con procedimientos científicos y maneras de cuantificar, comprender y sanar prácticamente cualquier dolencia. Pero el «bienestar del ser» no puede cuantificarse, sencillamente porque no puedes meter a un «ser» en una probeta. No puede diseccionarse el ser con un bisturí, lo cual significa que la «ciencia» no puede decir nada sobre el bienestar, simplemente porque la ciencia no tiene forma de cuantificar el bienestar de nuestro ser, sin importar por qué y cómo nosotros los «seres» nos ponemos enfermos.

Seguramente este es el motivo por el cual la ciencia en general, y la ciencia médica en particular, se resiste a la idea de que el deterioro y la ausencia del bienestar es un factor tan crucial en la enfermedad física. Sin embargo, puesto que la tecnología moderna hace que sea fácil compartir instantáneamente opiniones diversas sobre el bienestar mental y espiritual, y puesto que entendemos cada vez más nuestros estados del ser, parece que cada vez somos más los que estamos aprendiendo a determinar c on mayor precisión si estamos realmente bien... ¡en nuestro ser! Cada vez más personas han ganado en sabiduría e intuición a la hora de reconocer la conexión directa entre el bienestar del ser y la salud de su cuerpo. Aunque todos podemos beneficiarnos de esta sabiduría, todavía no hay nada que sustituya a la acción de dirigir la atención hacia nuestro interior y ver nuestro ser.

Cómo calibrar

Hay muchas formas de valorar y evaluar el bienestar de nuestro ser. El bienestar se define no por «cantidades» mesurables sino por la calidad de nuestros pensamientos y actitudes, los niveles de nuestra felicidad y satisfacción, la solidez de nuestra capacidad de conectar amorosa y compasivamente con los demás, la estabilidad de nuestros sentimientos y hasta qué punto sentimos que controlamos nuestras decisiones. En este sentido, tú eres tu propio científico y el laboratorio es tu propia conciencia. Todas las pruebas a las que te sometes requieren el instrumento de tu propio reconocimiento, puesto que observas y cuantificas la claridad de tus percepciones, la calidad de tus pensamientos y sentimientos y la benevolencia de tus intenciones.

Ser capaz de ver y determinar las causas de cualquier pérdida de bienestar y saber cómo hacer que nuestro ser recupere el bienestar son las principales capacidades de alguien que sabe **estar bien** cuando quiere, **mantenerse bien** esté donde esté y **seguir bien** a pesar de los retos y pruebas que la vida nos plantea a diario.

El objetivo de este libro es comprender un poco mejor la verdadera naturaleza del «bienestar», lo que hacemos para sabotearlo, cómo podemos cuantificar nuestro grado de bienestar y, finalmente, cómo volver a despertar nuestro sistema inmunitario espiritual para recuperar y mantener dicho bienestar.

Si tienes alguna duda, ponte en contacto con mike@relax7.com.

La diferencia entre dolor y sufrimiento

Como dice un antiguo proverbio: «El dolor es inevitable pero el sufrimiento es opcional». El dolor es lo que sentimos inevitablemente cuando sucede algo en el cuerpo que ocupamos, pero el sufrimiento es lo que creamos a un nivel mental y emocional en «respuesta» a lo que ocurre en nuestro cuerpo, y a lo que percibimos que sucede en el mundo, a nuestro alrededor. Puede que nuestro cuerpo experimente dolor pero que decidamos no sufrir. Hay personas que pueden hacer esta elección. Aceptan que el dolor físico es inevitable pero no se instalan en él, no culpan a los demás de él, no se preocupan por lo que dura, no sufren mental ni emocionalmente. Optan por aceptar la presencia del dolor y continuar viviendo. Para la mayoría de nosotros no es fácil, pero sí parece posible.

Por otra parte, aunque gozan de buena salud física, muchas personas pueden pasarse la vida sufriendo porque juzgan, culpan, critican y condenan a los demás o se enfurecen por las cosas que ocurren en el mundo. Las emociones del sufrimiento se urden en estos y muchos otros «comportamientos».

El dolor es físico y el sufrimiento es mental o emocional. El dolor es una señal que el cuerpo envía a nuestro cerebro. El mensaje es que tienes que cambiar algo en las energías de tu forma física. Sin duda nos dice que hay que sanar algo. El sufrimiento es un mensaje emocional que revela que has perdido el control de tus percepciones, pensamientos y sentimientos, y si no quieres sufrir tienes que cambiar la manera de «percibir y pensar» respecto a lo que pasa a tu alrededor.

El dolor puede infligirlo otra persona si le hace algo a tu cuerpo, pero el sufrimiento siempre está provocado por el propio yo, en función de lo que tú creas, ya que eso conforma después lo que percibes y cómo lo percibes. Por eso hay quien mira desde su celda de la cárcel y solamente ve los barrotes mientras el preso de la celda contigua mira afuera y solo ve las estrellas. El sufrimiento siempre puede ser una elección, algo que no es fácil de ver en un mundo que en general se basa en la creencia de que es natural que suframos a manos de nuestros padres, jefes o gobiernos, ¡e incluso del clima! Eso nos indica que hemos olvidado que nadie más es responsable de nuestros pensamientos y de las emociones que creamos y sentimos. Si «comprendes» la idea de que *siempre soy yo y no los demás los que me hacen pensar y sentir de este modo*, en última instancia podrás liberar a tu ser de todo sufrimiento. Si así lo deseas.

¿Qué es lo natural?

Muchos de nosotros hemos aprendido a creer que el sufrimiento es natural, que forma parte de la naturaleza humana, que es lo que nos hace humanos. Pocos de nosotros cuestionamos esta creencia particular, así que no logramos verla por lo que es: ¡una falsa creencia! Si pensamos que el sufrimiento es algo natural y por tanto correcto, entonces es probable que nuestro sufrimiento, es decir, la «infelicidad», aumente gradualmente en nuestra vida sin que nos hayamos dado cuenta de que podríamos haber hecho algo para evitarlo. Pero si comprendes que somos nosotros mismos los que creamos el sufrimiento, entonces despertarás a la posibilidad de eliminar la creencia de que eres una «víctima indefensa».

Comprender que nunca eres la víctima, si así lo eliges, puede cambiarlo casi todo, ¡desde tus sentimientos cotidianos hasta la calidad de toda tu vida! Sin embargo, para lograrlo tendrás que verificar, poner a prueba y cambiar las numerosas creencias que has heredado en tu infancia, has absorbido durante tu educación y has asimilado en tu «paso» al mundo de los llamados adultos. Son estas creencias las que inconscientemente chantajean el estado del ser de casi todo el mundo, ya que se convierten en las semillas de estados del ser completamente antinaturales y, por tanto, enfermos.

Las reflexiones contenidas en este libro pretenden destacar las creencias más comunes y debilitantes que causan nuestro sufrimiento. Esto te permitirá ver si están presentes en tu conciencia y entonces comprender que estas creencias son como «infecciones» que sabotean tu bienestar. Finalmente verás que todo tu estrés, tu pena y tu sufrimiento tienen sus orígenes en creencias que consciente e inconscientemente consideras verdades.

Asimismo, hay algunas orientaciones precisas, divulgadas con un poco de sentido común, sobre cómo terminar con tu sufrimiento y devolver tu ser a un estado de bienestar, si deseas hacer este trabajo interior. Muchas personas no quieren acabar con su sufrimiento. No quieren estar bien en su ser. Aunque pueda parecer extraño, muchos de nosotros nos apegamos a nuestra infelicidad; estamos cómodos con nuestros resentimientos, satisfechos con nuestro estrés. Incluso podemos utilizar nuestro sufrimiento emocional para cimentar la base de nuestra percepción de quiénes somos realmente. Utilizar nuestra insatisfacción de este modo es lo más parecido a una enfermedad física que ataca a los huesos, y por ello es difícil de cambiar. Cuando nuestra infelicidad se filtra en nuestro sentido de la identidad, puede ser difícil llegar a liberar nuestro yo de lo que podría diagnosticarse como una «condición crónica del ser», conocida también como «falsa identificación». Esta es la raíz última de todo lo que aflige a nuestro ser y nos hace enfermar. Además de que es difícil discernir, también es el motivo por el cual, como descubrirás, en última instancia solo hay una cura para todas las diversas formas de sufrimiento humano. Hay muchos tratamientos y curas para todas nuestras enfermedades físicas, pero solo una «cura definitiva» para todas nuestras enfermedades espirituales.

Esta cura puede materializarse en un momento. Normalmente, sin embargo, le lleva un tiempo emerger del fondo de nuestra alma. Es entonces cuando podemos recuperar la inmunidad absoluta en todas las formas de enfermedad espiritual. Solamente entonces podemos **estar bien**, **mantenernos bien** y **seguir bien** de nuevo.

Comprender el sistema inmunitario del alma

Cuando alguna zona de la energía celular de nuestro cuerpo se ve invadida por una «forma de energía» de naturaleza hostil o incompatible, las células cooperadoras del sistema inmunitario, que a menudo designamos como *anticuerpos* y glóbulos blancos, casi inmediatamente detectan la presencia del invasor. Rápidamente se desplazan hacia la zona en cuestión para proteger las partes afectadas. Cuando llegan, pueden discernir y distinguir la naturaleza exacta de la invasión o la naturaleza precisa de la anomalía que se produce en las células del propio cuerpo. Su labor consiste en extinguir, expulsar o rodear, y por tanto contener, lo que podría denominarse «disfunciones celulares», lo que solemos llamar *enfermedad*.

Aunque podemos experimentar el dolor de la enfermedad ocasional en nuestro cuerpo, todos sufrimos muchos momentos de enfermedad del alma en nuestra conciencia, en nuestro ser. Los momentos de enfermedad del alma son las señales que nos indican que nuestro bienestar está en riesgo. Pueden ir desde un velado sentimiento de malestar en un extremo del espectro hasta situaciones de estrés muy grave —desde una tristeza profunda hasta una rabia terrible o un miedo cerval— al otro extremo del «espectro de la enfermedad del alma».

El objetivo del «sistema inmunitario de nuestro cuerpo» consiste en detectar y distinguir, proteger y a menudo eliminar de nuestro cuerpo todos los tipos de enfermedad física con los que estamos ahora más familiarizados. El «sistema inmunitario de nuestra alma» funciona de modo similar para los distintos tipos de enfermedad que se producen en nuestra conciencia, en nuestro ser. El primer síntoma de cualquier pérdida de bienestar, el primer síntoma de cualquier enfermedad que se produzca en nuestra conciencia es normalmente un «sentimiento» de malestar mental o emocional.

En el contexto de todas las enfermedades de la conciencia que exploraremos juntos aquí, utilizaré los términos *yo*, *alma*, *conciencia* y *ser* como sinónimos. Todas se refieren al «yo» que dice «yo soy», tan distinto del cuerpo que ocupamos. Mientras que la energía del cuerpo físico es lo que llamamos *materia*, la energía del alma/yo es lo que a veces llamamos *espíritu*. Uno es visible y tangible y el otro es invisible e intangible. El espíritu es la esencia de yo soy/tú eres. Otra forma de decirlo en el contexto de este enfoque de las enfermedades de la conciencia es afirmando que no tienes un alma, sino que tú eres el alma; no tienes conciencia, tú eres conciencia. No tienes a un espíritu acechando en algún lugar de tu cuerpo, no se trata de una entidad misteriosa flotante. Eres el ser espiritual que da vida e irradia desde la forma que ocupas.

Sin embargo, mientras que el sistema inmunitario del cuerpo está formado por «células cooperadoras» individuales, el sistema inmunitario del alma no está separado del alma/yo/espíritu. El sistema inmunitario del alma está dentro de ti, del alma. No puede estar separado de ti. Recalco esto para subrayar que es algo diferente de tu cuerpo. La mejor definición del sistema inmunitario, que es un aspecto natural e integral de tu ser, es la de «movimientos específicos de la conciencia».

Los tres movimientos

Cuando el sistema inmunitario del alma (yo/espíritu) brota a la vida, los tres movimientos de tu conciencia son: **reconocimiento**, **comprensión** y **transformación**.

Para ilustrar cómo se mueve nuestra conciencia y trabaja de este modo, imagina que estás conduciendo hacia un destino conocido. También sabes en qué dirección quieres ir pero no estás totalmente seguro del camino, que tiene muchas curvas y giros. Durante todo el tiempo que has estado conduciendo **reconoces** una cierta sensación de malestar pero no sabes muy bien cuál es su causa, así que «sigues con» esta sensación y vas a mirar en el interior de la sensación de malestar. De pronto, te das cuenta de que el sol brilla a la izquierda del coche y sabes que debería estar brillando a la derecha. **Comprendes** que no estás yendo en la dirección correcta. Das media vuelta mientras cambias (**transformas**) de dirección. La sensación de malestar desaparece inmediatamente.

Profundicemos un poco más en el proceso. Imagínate ahora que te enfadas con alguien. Parece una reacción normal, ya que te ha pasado muchas veces en tu vida. ¡También a los demás! Pero un día la ira es tan grande que te preguntas si todo vale la pena. **Reconoces** el intenso sentimiento de enfermedad que albergas en tu interior, dentro de tu conciencia. Eres consciente de que esta enfermedad es la emoción de la ira. En vez de esperar a recuperarte, observas la ira y **comprendes** que a) eres su creador y b) la creas porque «piensas» que los demás «deberían» hacer lo que dices (y evidentemente no lo hacen). De hecho, crees implícitamente que a) puedes controlar a los demás y b) que los demás son los responsables de tu felicidad. Si dedicas un momento a poner a prueba estas creencias de forma consciente, comprenderás que no son «verdaderas». Por supuesto que no son verdaderas: nunca podrás controlar a los demás. Puede parecer que estás controlándoles cuando hacen lo que dices o quieres, pero siguen siendo ellos los que deciden qué hacer. También se hace evidente que los demás no son responsables de tu felicidad. Sin embargo, también puedes «ver» que es verdad que puedes influir en los demás aunque no puedas controlarlos. **Comprendiendo** estas verdades pones en marcha la **transformación** de tu estado del ser y, en consecuencia, de tus pensamientos y comportamientos. Dejas de intentar controlar a los demás. No te vuelves a enfadar con nadie, y así es cómo se cura la enfermedad de la ira. Ahora puedes concentrar tus energías en desarrollar maneras creativas de influir.

Has **reconocido** la enfermedad, la has observado y has **comprendido** la «creencia causante». Has indagado un poco más y has comprendido «la verdad», y, utilizando el poder de esta verdad, has **transformado** tu estado del ser.

Tipos de virus

Mientras que el sistema inmunitario del cuerpo está diseñado para determinar y sanar muchos tipos de enfermedades físicas, el sistema inmunitario del alma (conciencia) está diseñado para determinar y sanar muchos tipos de enfermedades de la conciencia, dentro de «el yo». Igual que las enfermedades del cuerpo suelen deberse a algún virus invasivo que las infecta y que afecta a la energía de las células, todas las enfermedades de la conciencia también están provocadas por virus diversos.

Actualmente estamos muy familiarizados con la idea de «virus». Sabemos que los virus pueden infectar y alterar las funciones de un ordenador. Conocemos también los diversos tipos de virus que pueden infectar y alterar las funciones de nuestro cuerpo. Pero, ¿cuál es el virus que infecta y altera nuestra conciencia, es decir, nuestro yo? Es la *creencia*. Todas las enfermedades de la conciencia están provocadas por los virus de distintas creencias y nuestro «apego» consciente y subconsciente a estas creencias. Sin embargo, la creencia no es la verdad. Como dice el viejo proverbio «la verdad os hará libres». En el contexto de todas las formas de enfermedad que creamos en nuestra conciencia, solo la comprensión de la verdad puede liberarnos de nuestro apego a estas creencias y del sufrimiento. Veremos ahora las tres fases de sanación que lleva a cabo el sistema inmunitario del alma.

El arte de la sanación
Reconocimiento – Comprensión - Transformación

Fase 1 - Reconocimiento de los síntomas

Es cuando te das cuenta de que hay una enfermedad en tu conciencia, es decir, en ti. Y reconoces todo lo que implica desde una silenciosa sensación de malestar hasta pensamientos y sentimientos turbulentos sobre cualquier cosa o persona.

Ser consciente de uno mismo no es nada fácil para la mayoría de nosotros. Estamos casi totalmente programados para ser conscientes solo de lo que pasa en el mundo «de ahí fuera». Sabemos qué tiempo hará, qué retransmiten por la televisión, qué hacen y llevan puesto los demás, las noticias, lo que haremos mañana, lo que hay para cenar, sabemos de economía, etc. Pero hay una cosa de la que apenas somos conscientes y es de lo que ocurre en nuestra conciencia, en nuestro yo. Nos cuesta reconocer la ilimitada variedad y calidad de pensamientos y sentimientos que constantemente estamos creando en nuestras reacciones y respuestas al mundo.

A duras penas reconocemos que nuestras emociones tienen un efecto en nuestro cuerpo. Pero tenemos tendencia a no percibir la presencia de la emoción hasta que ha llegado realmente a la energía física de nuestra forma y «sentimos» algo físicamente. La preocupación afecta a nuestro estómago, el miedo afecta a nuestro corazón, la tensión afecta a nuestros músculos, la ira afecta a nuestra tensión arterial. Por consiguiente, tenemos tendencia a atribuir emociones y sentimientos «solamente» a nuestro cuerpo y no comprendemos que todas nuestras emociones tienen su origen en nuestra conciencia, en nuestro yo.

Otra consecuencia de este desconocimiento parece ser que la mayoría de nosotros no tenemos un «lenguaje desarrollado» para describir lo que sentimos y las emociones que experimentamos. Sin este lenguaje compartido se hace difícil atribuir un significado a lo que está ocurriendo en nuestra conciencia, en nuestro yo. Una de las maneras más fáciles, y algunos dirían necesarias, de fomentar la conciencia de nuestro yo y desarrollar nuestro lenguaje consiste en hablar sobre lo que percibimos que está ocurriendo en nuestra conciencia. No como una terapia formal, sino de manera informal y reflexiva con los amigos y conocidos. Es impagable el amigo con el que podemos sentirnos totalmente abiertos y relajados al intercambiar opiniones sobre lo que pensamos y sentimos con respecto a cualquier cosa. Cuando lo hacemos, creamos conjuntamente un lenguaje y empezamos a ver con más claridad las conexiones entre nuestras creencias y experiencias, entre nuestras percepciones y nuestras emociones, entre nuestras actitudes y sentimientos y entre nuestros recuerdos y comportamientos.

No hace falta que tengamos una licenciatura en psicología, solo se trata de desarrollar un grado de conciencia y la capacidad de describir qué, cómo y por qué pensamos y sentimos del modo en que lo hacemos.

Cuando estas conversaciones interactivas se complementan con un tiempo pasado en silenciosa autorreflexión, a veces recurriendo a percepciones que hallamos en la sabiduría de los demás, nuestro reconocimiento y comprensión de lo que está ocurriendo en nuestra propia conciencia se ven cada vez más potenciados. Empezamos a ver con claridad cómo y por qué creamos las muchas enfermedades de la conciencia y cómo estas sabotean el bienestar de nuestro ser. No se trata de mirarse el ombligo sino de adquirir una «educación interna» por propia iniciativa en la única escuela real de la vida, que es la propia conciencia. No se tarda mucho en determinar y liberar nuestro yo de las numerosas enfermedades del alma de las que aprendemos a sufrir. A continuación las analizamos con todo detalle y, al hacerlo, veremos exactamente qué tenemos que «desaprender».

Fase 2 - Comprensión de la causa

Es cuando «ves» a través de los sentimientos de la enfermedad y comprendes la «creencia viral» que ha «infectado» nuestra conciencia. Ello solo es posible cuando no negamos las emociones que sentimos, y miramos en el interior y a través de estas emociones. Solo entonces podemos ver la «creencia viral» que está detrás de la emoción y provoca la enfermedad. De nuevo, para ello hay que recurrir a la contemplación silenciosa y tal vez a algunas pistas de alguien que ya haya comprendido las creencias causales de estas enfermedades. Entonces es posible inducir el momento revelación que significa «ahora veo por qué me siento así, por qué estoy tan triste, por qué estoy tan enfadado, por qué estoy sencillamente asustado. Ahora veo y me doy cuenta de la creencia subyacente que estoy alimentando, que está dando forma a estos pensamientos y emociones en la raíz de esta enfermedad».

Tal como iremos descubriendo, todas nuestras enfermedades del alma tienen unos síntomas llamados «emociones». Toda emoción es una forma de sufrimiento. Esta última frase es difícil de entender para muchos, normalmente porque nunca se han parado a pensar o a definir seriamente la «emoción». Para ello hace falta tiempo y atención, de modo que podamos reflexionar sobre nuestra propia «insperiencia» personal de la emoción. Solo entonces podemos entender mejor las emociones que estamos creando y sintiendo. Solo entonces es posible determinar y articular exactamente las emociones que estamos sintiendo y, en especial, por qué estamos creando estas emociones. Se trata de un proceso gradual que se lleva a cabo según nuestro grado de interés.

A medida que vamos creciendo, la mayoría de nosotros aprendemos a creer que tenemos emociones positivas y negativas como el miedo y el amor, la ira y la alegría, el odio y la compasión, etc. ¡De hecho nunca cuestionamos esta creencia! Pero cuando nos damos cuenta de que TODAS nuestras emociones tienen su origen en nuestra conciencia Y comprendemos que en la conciencia no hay dualidad, ni polaridad, ni opuestos, estas «creencias» sobre las emociones salen volando por la ventana. No hay emociones negativas ni positivas. Solo hay emociones... ¡o no, depende del caso!

En este punto, muchas personas dejan de tener interés por el reconocimiento y la comprensión de uno mismo. Tal vez pienses que el tema se está haciendo demasiado profundo y complejo y que simplemente hay que vivir la vida, no analizarla tanto. Además, ¿cómo puede NO haber emociones negativas y positivas? Aunque, en realidad, es en este punto donde empieza la sanación de todas nuestras enfermedades, todos nuestros sufrimientos, todo nuestro estrés y nuestra infelicidad. Esta es la frontera más allá de la cual podrías redescubrir la realidad de una felicidad auténtica y duradera sin ninguna dependencia de nada o nadie. Pero exige desafiar seriamente y dejar de lado muchas de nuestras «creencias aprendidas», incluida la creencia de que hay emociones positivas y negativas. Solamente hay emociones. El amor no es una emoción; es un estado del ser. La felicidad auténtica no es una emoción; es un estado del ser. La alegría auténtica no es una emoción; es un estado del ser.

La emoción «se produce» cuando la energía de nuestra conciencia está distorsionada y pierde su vibración más elevada, que es su estado natural. Esta vibración más elevada es lo que llamamos *amor*. Pero para hablar de todo esto, en primer lugar tenemos que consensuar qué queremos decir con «amor», qué queremos decir con «emoción», qué queremos decir con «sentimiento» y qué queremos decir con «estado». No es una conversación habitual entre la gente, de ahí la ausencia general de claridad sobre el tema de la emoción. Volveremos a ello después.

La comprensión, en este contexto, significa ver y comprender la creencia exacta en nuestra conciencia que está provocando cualquier enfermedad (emoción) que sintamos en un momento dado.

Por ejemplo, una creencia que provoca gran parte de la «enfermedad emocional del miedo» es que *la vida es un curso de aprendizaje para la supervivencia*. Una creencia que provoca la «enfermedad de la inseguridad» es que *la riqueza solo puede medirse con dinero*. Una creencia que provoca la «enfermedad de la irritación» es que *hay que poner la mesa exactamente como a mí me gusta*.

La comprensión también significa volver a despertar a una verdad más profunda que ya conocemos pero que se ha marchado de nuestra conciencia. En estos ejemplos, «la verdad» sería algo así como: *la vida no es un curso de aprendizaje para la supervivencia sino una oportunidad de ser útil a los demás, la verdadera riqueza es un recurso interno de conciencia conocido como virtud* y nuestra *felicidad no depende de cómo está puesta una mesa*. Cuando comprendemos estas verdades, estas sustituyen naturalmente a las creencias y, por lo tanto, curan la enfermedad. La verdad es el catalizador del tercer nivel de curación del alma, que es la transformación.

Fase 3 - **Transformación** de nuestro estado del ser

La transformación tiene lugar en el yo a través del redescubrimiento de lo que es «verdad». Solamente la comprensión de «la verdad» puede dominar y sustituir una «creencia viral» que es siempre la causa de la enfermedad. La curación en este sentido significa devolver la energía de la conciencia a su «verdadero» estado o vibración. Que esto ha ocurrido queda confirmado por la desaparición de los sentimientos de enfermedad, que son sustituidos por sentimientos como la paz y la satisfacción, la compasión y la cooperación, e intenciones como el cuidado y la comprensión. Se trata de «movimientos de la conciencia exentos de emociones» que modelan actitudes y comportamientos, que a su vez crean conexiones armónicas y relaciones sanas con los demás.

Pero, ¿cómo sabemos que sabemos o hemos comprendido lo que es verdad? ¿Cuál es la diferencia entre creencia y verdad? Antes creíamos que la Tierra era plana, pero vimos una foto y comprendimos la verdad, que el mundo es redondo. Podríamos denominarlo «visión externa». Algunas personas «creen» que su felicidad va de «fuera adentro». Podríamos decir que es una creencia del estilo de la Tierra es plana. Muchos otros han contemplado su propia «insperiencia» y se han dado cuenta de la verdad, de que la felicidad es un «trabajo del interior». Han tenido la «visión interna» de que la felicidad surge de dentro de nuestra conciencia. Cada uno de nosotros tiene el poder de crear nuestros propios niveles de felicidad de «dentro afuera».

Tal vez «creas» aún que son los demás los que te hacen enfadar. Pero pregunta a la gente más espiritualmente iluminada de tu alrededor y es muy probable que te digan que han comprendido «la verdad», que no hay nadie que te «haga» enfadar. Cada uno de nosotros «crea» sus propias emociones y la ira no es más que una «emoción muy corriente». Probablemente te dirán que han comprendido que nosotros creamos cada reacción/respuesta, y que por tanto somos nosotros sus únicos responsables. Probablemente te dirán que al comprender esa verdad, y recuperar la capacidad de elegir los propios sentimientos asociados a ella, ha cambiado su manera de relacionarse con los demás y vivir la vida.

La mayoría de personas aprenden a creer que el amor se adquiere, así que siguen avanzando en busca del amor en la vida. Sin embargo, esta afirmación parecen contradecirla quienes dicen que han comprendido que una de las verdades más profundas de la vida: el amor, es lo que somos cuando entregamos nuestro yo sin reservas. Por lo tanto, no hay necesidad de buscar el amor en ninguna parte. ¡Ya está «aquí»! De hecho, nos recuerdan que se trata de una búsqueda fútil que solamente creará muchos momentos de enfermedad.

Cuando el yo comprende una verdad, provoca un cambio de percepción que a su vez modifica nuestros pensamientos y acciones. Entonces, cada uno de estos episodios de comprensión tiene el poder de cambiar nuestro estado del ser, y el consiguiente comportamiento; tiene el poder de sanar el alma, lo cual significa eliminar los muchos tipos de enfermedades que habitualmente creamos y sentimos en nuestra conciencia.

Tanto la ubicación como el proceso de comprensión y transformación no suelen ser entendidos, al parecer incluso en muchas escuelas de iluminación. Imagínate intentando meterte en una caja de cartón que te llega por la mitad. El cuerpo está en la caja pero ha perdido su «forma/estatura natural». Sentirás una gran incomodidad física. Y lo mismo ocurre con tu conciencia. Hay un estado natural del ser desde el cual emana una vibración natural de la energía espiritual que somos. A veces llamamos *paz* a esta vibración, en ocasiones vibramos como amor y otras veces vibramos como alegría, compasión, paciencia, etc. Se trata de estados naturales del ser que también sentiremos en esos momentos.

Cuidado con lo que haces... ¡con tu mente!

Perdemos la capacidad de vibrar desde estos estados naturales y extendemos esta vibración al pensamiento y la acción cuando exprimimos nuestro «yo» y lo convertimos en algo no natural y, por lo tanto, distorsionamos la verdadera naturaleza de nuestro ser. Lo hacemos perdiendo nuestro yo en lo que hay «en» nuestra mente. Las cajas son ideas, imágenes, recuerdos y creencias. Las creamos en nuestra mente y después obligamos a meter nuestro «yo» en ellas. Adoptamos la forma de lo que hay en nuestra mente, puede que solo por unos pocos segundos o bien que sea un hábito de muchos años. A veces lo llamamos *apego*. El apego se produce cuando perdemos nuestro yo entre lo que hay en nuestra mente. Ni siquiera nos damos cuenta de que lo estamos haciendo. Entonces nos «identificamos» con aquello a lo que nos apegamos y en ese momento nace el ego. Por eso una de las definiciones más sencillas del ego es la «identificación errónea».

Cuando perdemos nuestro sentido del yo entre lo que hay en nuestra mente es como si el ser consciente que somos estuviera deformado. Estamos dejando que una idea, imagen o creencia nos dé forma. Estamos utilizando la idea/imagen/creencia para que dé a nuestro yo un falso sentido de identidad. Es como si dejáramos de ser el «espíritu libre» que es nuestro estado verdadero y nos quedáramos «atrapados en» una forma mental. Algunos indicios de que estamos haciéndolo se ven cuando nos sentimos pequeños, inadecuados, miedosos, amenazados, entristecidos, estresados, enfadados y muchas otras emociones que indican enfermedad del alma. Por eso el ego, es decir, la identificación errónea, es la causa subyacente de toda enfermedad, de todo sufrimiento. No es la causa «directa» del dolor, que es físico, sino que es la causa directa de todo sufrimiento.

La transformación es la liberación del yo de formas «no naturales» que el propio yo ha creado y adoptado en la mente. Creo que a estas alturas ya te imaginarás que el yo no es la mente. La mente es una función del yo, es un atributo o facultad de la conciencia.

Por ejemplo, al discutir con alguien adoptas «la forma» de la creencia que en esos momentos tienes en la mente. No te das cuenta de ello porque estás ocupado, ya sea preparando tu defensa frente a la creencia del otro o urdiendo tu estrategia para atacar la creencia del otro. En esos momentos, tu creencia te está moldeando. Estás perdiendo tu yo al creer que «está en tu mente» y, por lo tanto, estás percibiendo la creencia del otro como una amenaza hacia ti. ¡Es algo personal! Pero en el momento en el que comprendes que la creencia que has creado en tu mente no es más que otra creencia y que no eres tú, entonces estás empezando a «soltar». Estás empezando a «salir de» la creencia. Al hacerlo, estás transformando, estás devolviendo tu yo a su forma verdadera de espíritu libre, que ya no está atrapado en nada de tu mente. Es también el momento en el que las enfermedades del miedo y la ira, que son moneda de cambio en cualquier discusión, empiezan a difuminarse.

Hay tres significados encerrados en la palabra *transformación*. «Trans» significa **TRASCENDER**, «form» significa **FORMA** y «ación» significa **ACCIÓN**.

La acción de trascender la forma tiene lugar dentro de la conciencia. Es el momento en que «el yo» deja de estar moldeado por cualquier forma (imagen/idea) que haya en la mente. El yo sale de la mente y, por tanto, se eleva (trasciende) por encima de lo que hay en la mente. La libertad del yo se recobra a medida que recupera su forma original como energía de la conciencia radiante, invisible y diáfana. El sentimiento es de paz y libertad. Es así como se recupera el verdadero objetivo del yo, que es el de «entregar el propio yo» sin reservas, sin pedir nada a cambio. Y los demás ven y sienten que las acciones son gestos amables y benevolentes... en TODO momento.

El principal indicio de transformación exterior es la ausencia de emoción y la recuperación de nuestra capacidad para responder creativamente y no reaccionar emotivamente. No porque la emoción sea mala, o se suprima o se reprima, sino porque ya no se crea. Las emociones (energía en movimiento) son el precio que pagamos hoy por nuestros apegos (identificaciones erróneas) del ayer. Dicho de otro modo, las emociones surgen en la conciencia cuando el yo se apega a lo que hay en la mente. Si gritas de ira cuando alguien rompe tu jarrón Ming, eso significa que estabas vinculado a —y te identificabas con— la «imagen» del jarrón en la mente. Si no estuvieras vinculado a la imagen del jarrón, si no hubieras perdido tu sentido del yo en la imagen del jarrón, no crearías la emoción de la ira, no sufrirías la enfermedad de la ira en cuanto el jarrón se rompe en mil trocitos. Reaccionarías de manera pacífica y con indulgencia porque se trata simplemente de un jarrón y tú eres tú. Cuando eres pacífico e indulgente, no eres emotivo, estás en paz y repartes amor (tu yo) como perdón hacia el otro.

Elegir tus sentimientos

Uno de los principales signos de «transformación» es la recuperación de tu capacidad para elegir tus sentimientos en cualquier momento. Quizá te hayas dado cuenta de que eso es tarea imposible si eres emotivo. Cuando eres emotivo, no puedes elegir tus sentimientos. Esto nos da otra pista de por qué el amor no es una emoción. Cuando estás enamorado sabes elegir la manera adecuada de expresar este amor: tal vez como cuidado o compasión, como aceptación o indulgencia, como bondad o comprensión... A medida que extiendes tu yo con amor y de la manera adecuada, «sentirás» la forma que elijas para dar ese amor. Pero ten en cuenta que no podrás hacerlo cuando estés enfadado, asustado o triste. Solo habrá enfado, que es muy emotivo, solo habrá miedo, que es muy emotivo, o solo habrá tristeza, que es muy emotiva. En estos momentos, es como si tu capacidad de elegir cualquier otro sentimiento se haya apagado.

Creer y decir que el amor no es más que otra emoción es lo que realmente sabotea nuestra capacidad de transmitir amor a los demás. Cuando nos preocupamos por alguien, pensamos que somos comprensivos, pensamos que somos cariñosos, pero la preocupación es una forma de miedo, no es amor. Cuando somos «emotivos», estamos tan ocupados con nuestras propias emociones, tan ocupados con la «emoción que estoy sintiendo», que no tenemos la disponibilidad necesaria para «cuidar» a los demás. El cuidado es amor en acción cuya intención es beneficiar al otro. Pero el aprensivo no se da cuenta, ya que está ocupado imaginando lo que «podría» suceder y cómo se sentirá si le ocurre algo de verdad a aquel por el que se preocupa. ¡Uf! No debe sorprender que se pierda con tanta facilidad el verdadero significado y sentimiento del amor.

La inteligencia emocional es un oxímoron

También es práctico darse cuenta de que la emoción surge cuando «creemos» que no tenemos lo que queremos (ira) o cuando «creemos» que estamos a punto de perder lo que «creemos» que todavía tenemos (miedo). Fíjate que cuando deseas algo ya tienes lo que sea que desees como una imagen o una idea en la cabeza. Te ves apegado a la imagen. Entonces empiezas a preocuparte por si no aparece en la realidad material, temporal y espacial. El amor, tal como lo conocemos, no tiene nada que ver con querer, conseguir y mantener. El amor está totalmente ausente cuando derramamos nuestras lágrimas emotivas tras percibir una pérdida. Por eso, la «inteligencia emocional» es un oxímoron. Cuando eres emotivo, en realidad estás saboteando tu capacidad de ser inteligente, de tomar decisiones inteligentes y de ofrecer consejos inteligentes. Seguiremos después con la emoción, ya que es el síntoma principal de todas las enfermedades del alma que creamos y sufrimos desde nuestra conciencia.

El proceso de transformación empieza cuando te das cuenta de que estás apegado a una creencia que te está provocando el sentimiento de enfermedad. Pero no soltaremos del todo la creencia, que significa «salir de» la creencia, hasta que también comprendamos una verdad más profunda que todavía existe dentro de nosotros. Sin embargo, es difícil ver la mayoría de creencias a las que estamos apegados, ya que están muy escondidas en nuestro subconsciente. Forman parte de la «programación» que todos nosotros, al crecer, absorbemos y asimilamos de otras personas y del mundo que nos rodea. Por eso no es suficiente con ser consciente de la enfermedad que está produciéndose en nuestra conciencia. No basta con utilizar una técnica o hacer alguna terapia para aliviar nuestra enfermedad emocional. Solo es el síntoma. Hay que mirar en y a través de las emociones que sentimos para encontrar la creencia causante, y después a través de la creencia para comprender la verdad. La comprensión de la verdad es lo que nos faculta para soltar del todo la creencia, para desapegar nuestro yo de la creencia, para que ya no nos moldee la creencia.

El desapego no significa que nos dé todo igual o que estemos evitando cosas, acontecimientos y personas. Significa que ya no estás perdiendo tu sentido del yo en lo que hay en tu mente a un nivel consciente o subconsciente. Solamente en un estado de no apego podrás «ser tu yo», podrás ser todo lo que eres, que es el «yo» que dice «yo soy». Solo entonces serás totalmente libre y estarás disponible para desplegar la calidez de tu corazón al cuidar realmente de los demás, mientras que antes estabas ocupado «conmigo, con lo mío y con mis emociones».

¿Funciona tu sistema inmunitario?

Aunque el sistema inmunitario pueda debilitarse o verse perjudicado por una dieta inadecuada, el agotamiento físico o alguna infección vírica, en cierta medida siempre funciona. Sin embargo, el sistema inmunitario del alma puede desaparecer por completo. Una ausencia total de conciencia de uno mismo implica incapacidad de reconocer lo que ocurre en nuestra conciencia, dentro de nuestro yo. Cuando eso ocurre estamos en nuestro grado más vulnerable ante la invasión de los virus llamados «otras creencias». Sin prácticamente conciencia de uno mismo nos vemos influidos con mucha facilidad, ya que empezamos a absorber y asimilar creencias como *es natural y necesario sufrir en la vida; la vida es un curso de aprendizaje para la supervivencia, así que sé temeroso e intenta siempre ser el número uno; tu éxito y tu seguridad se medirán en función del dinero y las pertenencias que vayas acumulando.*

Creer que estas creencias son verdades nos impide ver las señales emocionales que nos dicen que vivir según estas creencias nos está haciendo «insperimentar» alguna enfermedad del alma. El despertar del sistema inmunitario del alma equivale en esencia a un nuevo despertar que caracteriza la conciencia de uno mismo. Empieza cuando nos damos cuenta y reconocemos (somos conscientes de) nuestros malestares emocionales, cuando reconocemos que la propia emoción es incómoda y comprendemos que no es natural. El siguiente paso es «comprender» que somos plenamente responsables de todas nuestras emociones, todas nuestras incomodidades, todos nuestros momentos de enfermedad del alma.

Imagínate una bombilla en una habitación, en la que también hay un sensor. Cuando la intensidad de la radiación de la luz que emite la bombilla pasa de cierto nivel, el sensor activa una alarma. Nuestra conciencia es como la luz, una fuente radiante de eso que suele denominarse *luz del espíritu*, o *luz espiritual*. Cuando la frecuencia, la intensidad, la vibración de nuestra conciencia va más allá de determinado nivel, tenemos un sensor incorporado llamado «nuestros sentimientos» que nos indica que algo no va bien «aquí dentro». Desgraciadamente hemos aprendido a no hacer caso de ese sensor que llevamos incorporado, incluso a apagarlo.

También podría compararse con el sistema de seguridad de un coche. No entiendes cómo funciona hasta que coges el manual y lees las instrucciones. La mayoría de nosotros no entendemos cómo funciona el sistema del sensor de nuestra conciencia. Nadie nos ha dado ningún manual ni nos ha enseñado a ser conscientes de nosotros mismos. No sabemos cómo detectar e interpretar nuestros propios sentimientos. No somos capaces de activar nuestro «sistema sensor», reconocer las emociones que sentimos y saber exactamente qué está provocando esas emociones. Nuestro sistema sensor interior es la puerta de acceso al sistema inmunitario, así como su función principal.

Normalmente, empezar a percibir nuestro «sensor de sentimientos» conlleva un sufrimiento de cierta intensidad. Toleraremos nuestras enfermedades del alma todo lo que podamos antes de darnos cuenta de que estamos recibiendo una señal que nos llama a cambiar algo, es decir, comprender algo, dentro de nuestro yo. Cuando finalmente empezamos a darnos cuenta de ello, ya no suele haber vuelta atrás.

SEGUNDA PARTE

Las 12 enfermedades del alma

creencia
Aceptación, sin evidencia, de que algo existe o es verdad. Lo que se «piensa» que es verdad pero no se «sabe» si es verdad.

verdad
Lo que es verdad y se puede comprobar mediante la experiencia directa. Lo que no cambia nunca.
Sinónimos: verdad, realidad, hecho, veracidad, fidelidad.

Igual que en el cuerpo, también en el alma

Hay una gran diversidad de enfermedades del alma que todos hemos «aprendido» a crear y padecer. Cada una tiene su propia «creencia viral» causante, sus propios síntomas en forma de patrones de pensamiento propios y su propio tipo de sufrimiento emocional.

La dinámica de buena parte de las enfermedades del alma es muy parecida a las enfermedades que afectan a la energía de nuestro cuerpo. He utilizado los nombres, y de hecho la naturaleza, de algunas de las enfermedades físicas más comunes como «metáforas» para describir las enfermedades del alma.

Algunos dirán que hay una relación directa entre ambas, que la enfermedad del alma es la causa verdadera de las enfermedades del cuerpo. Esto, hoy, parece ser una verdad evidente, pero sería el tema de otro seminario. El objetivo aquí es ayudarte a identificar las distintas enfermedades que has desarrollado en tu interior, el ser espiritual, para que tomes tus propias medidas con objeto de recuperar tu estado de bienestar.

A medida que avances con cada una de las «enfermedades», analizando sus causas y sus síntomas, encontrarás al final de cada apartado algunas preguntas para tu reflexión interna. Te recomendaría que llevaras un diario aparte donde anotar las respuestas a las preguntas. De ese modo empezarás a despertar y afinar tu conciencia sobre lo que te está ocurriendo exactamente. Solo mediante la práctica continuada de esta reflexión interna durante un tiempo podrás romper con tu dependencia de la opinión y los conocimientos de los demás, y empezarás realmente a cultivar los tuyos propios.

Todo lo que leas aquí son cosas que ya sabes. Simplemente las has perdido de tu conciencia durante un tiempo.

1

«Necesito más»

La enfermedad de la ADICCIÓN

No es solamente una enfermedad que afecta a cuerpo y mente; la ADICCIÓN es también una enfermedad de la conciencia. Los principales síntomas que deben reconocerse son el DESEO y los ANHELOS.

Cuando contemplas el interior y el más allá de un deseo, te das cuenta de que la causa subyacente es la «creencia viral» en la «adquisición y posesión». Crees que puedes adquirir y poseer. Los pensamientos que surgen son: «Quiero...», «Necesito tener...», «Tengo que tener...». El cuerpo y el cerebro tienen tendencia a ansiar cosas «tangibles», sustancias que proporcionan estímulo físico y sensual. Sin embargo, los deseos del alma pueden abarcar muchas cosas «intangibles», del conocimiento al reconocimiento, de la aceptación a la afirmación, del estatus al respeto. Todos sabemos que cuando no obtenemos lo que queremos, generamos emociones de decepción y frustración, que pertenecen a las familias de la tristeza y la ira. No son momentos de felicidad, sino momentos de sufrimiento, momentos de enfermedad del alma.

En el contexto de la conciencia humana, solamente la comprensión de la «verdad» puede transformar/sanar la enfermedad del deseo/de las ansias. Solo la «verdad» que vuelve a despertarse puede vencer y eliminar la «creencia viral». La creencia no es la verdad; la creencia es lo que creamos cuando perdemos conciencia de lo que es verdad, lo que en el contexto de nuestro «ser» significa la pérdida de nuestra «condición de verdadero». En este caso, la verdad se recupera cuando te das cuenta de que eres conciencia y no forma y de que la conciencia, es decir, tú, no tiene por qué adquirir nada.

En VERDAD, yo/tú/nosotros no necesitamos adquirir nada. Nuestro cuerpo «necesita» comida, ropa y abrigo, pero «yo/tú/nosotros» no «necesitamos» tener ni conseguir nada. Si hay una necesidad es la de «cuidar nuestro cuerpo», «prestar cuidados» a la forma que ocupamos. Sin embargo, ni siquiera esto es una necesidad sino más bien una responsabilidad natural.

Dependiente de los demás

La mayoría de nosotros nacemos, nos crían y nos educan en la creencia de que tenemos que ganarnos la aceptación y la aprobación de los demás, su afirmación y validación. Creemos que solo entonces podemos sentirnos valiosos para los demás y, por lo tanto, alcanzar el éxito en la vida. Muchos de nosotros nos pasaremos toda la vida creándonos un prestigio ante los demás, pensando que esta es la manera de conseguir una vida feliz y plena. Un número significativo de personas ansiará profundamente no solo aceptación y aprobación sino el aplauso de los demás, mientras intentan crearse una imagen a ojos del mundo y reclamar la fama. Estas son las creencias virales que están detrás de nuestra necesidad, de nuestros anhelos.

Cuando se agotan estas aprobaciones y afirmaciones, y nuestros deseos están insatisfechos, empezamos a sentir que nos falta valía. Nos consideramos ineptos y sin valor real. Tememos seguir sin poder adquirir y satisfacer nuestro deseo de aprobación y reconocimiento de los demás, así que oscilamos entre la enfermedad del miedo y la tristeza. Entonces, siempre que recibimos lo contrario de lo que deseamos, es decir, siempre que recibimos la más mínima crítica o «mirada de reproche» de la autoridad, que nos mira con desaprobación, nos sentimos destrozados, después enfadados y al final preocupados por que vuelva a ocurrir.

Sin embargo, mientras «creamos» que solo somos una forma física creeremos que nuestras necesidades están justificadas. Nuestros cuerpos tienen realmente necesidades, y si pensamos que solo somos nuestro cuerpo, que es lo que la mayoría de nosotros hemos aprendido, entonces creeremos que «Tengo necesidades». La comprensión de la verdad de que «yo», el ser de conciencia, no necesita nada, nos eludirá hasta que llegue la comprensión o nuestra «verdadera identidad», que es una identidad espiritual, no exactamente una verdadera identidad sino más bien un estado de «verdadera conciencia de uno mismo».

Hasta que podamos liberar nuestro yo de la necesidad de aprobación y aceptación por parte de los demás, será difícil sanar la enfermedad de la adicción. Será difícil terminar nuestros deseos/ansias de afirmación y validación por parte de los demás y, para algunos, el aplauso del mundo. Será difícil terminar con el sufrimiento emocional que debe acompañar nuestras necesidades.

Y todo porque creemos que necesitamos obtener algo de los demás.

¿Puedes liberar tu yo?

La cuestión es: ¿puedes sentirte bien en tu yo sin la aprobación, la aceptación y el aplauso de los demás? ¿Puedes vivir plenamente sin necesidad de saber que gozas de buena reputación entre los demás? ¿Puedes sentirte tranquilo y relajado ante cualquier crítica que surja en tu camino? ¿Puedes construir una relación libre de cualquier tipo de necesidad psicológica en ella? Si respondes afirmativamente a todo lo anterior, estarás libre de una de las enfermedades más comunes del alma y no sufrirás más.

Todo gira en torno a la comprensión de que tú no eres tu forma, la cual indudablemente tiene necesidades. Depende de si comprendes que TÚ no eres tu IMAGEN CORPORAL, como parece que nos gusta definirla actualmente. Mientras creas que solo eres una imagen corporal nunca te sentirás pleno, satisfecho o razonablemente feliz, simplemente porque tu cuerpo nunca será tan atractivo como el de los demás y siempre estará en un proceso de deterioro continuo. Y, además, parece que tendrá un destino fijo, el llamado «deceso inmanente». No es precisamente la receta más idónea para una vida feliz.

En el centro de la mayoría de caminos de sabiduría y enseñanzas espirituales hay una verdad básica que cualquiera puede comprender. Tú eres el ser de conciencia sin forma que da vida a la forma de tu cuerpo físico. Cuando lo comprendas, notarás que tu «inclinación natural» no es «obtener algo de» los demás y del mundo, sino «dar algo a» quien esté presente contigo en el momento. Si hay un gran designio, podrías sentir que todos nosotros hemos sido diseñados para dar nuestro yo, es decir, para proyectarnos hacia fuera. Empezará a dejar de ser natural intentar adquirir y poseer algo de alguien. Empezará a parecer absurdo querer cosas intangibles como la aprobación y la aceptación de los demás. Esta comprensión, la comprensión del yo como el ser de conciencia sin forma, exige introspección y normalmente la práctica de algún tipo de meditación, hasta que esté firmemente reincorporado a nuestra conciencia. Es el trampolín de lanzamiento hacia lo que solemos llamar *espiritualidad*, o vivir una vida más espiritual.

En resumen, el principal síntoma de la enfermedad de la adicción que debemos **reconocer** es el deseo de intangibles como la afirmación y validación de los demás con el fin de conservar la valía de nuestro yo y el prestigio a ojos de los demás. La enfermedad es el sentimiento de «temor» a que te nieguen estos intangibles y a que tu prestigio pueda derrumbarse. La «creencia viral» es «tengo que adquirir». La **comprensión** es que, mientras que tu cuerpo tiene necesidades, nosotros/tú/yo no necesitamos nada en definitiva. La verdad es que ya tenemos todo lo que necesitamos en «el yo», en nuestra conciencia.

Sin embargo, una de las muchas paradojas de un camino auténticamente espiritual es que no puedes «saber» lo que hay dentro de ti hasta que lo ofreces. **Respeta** a los demás incondicionalmente y no tardarás en darte cuenta de que tu necesidad de ser respetado disminuye. **Celebra** la existencia de los demás y verás que empiezas a generar aprecio natural y gratitud por la vida. Comienza a surgir la alegría de vivir de dentro de tu ser, y eso aumenta tu resiliencia cuando la vida te pone a prueba. **Cuida** de los demás y verás que la energía de ese amor impulsa el sentimiento de ser una fuente de amor para los demás. Esto refuerza la conciencia que tienes de tu propio valor.

Uno de los principales indicios de que ha habido **transformación** y de que tus adicciones están de capa caída es cuando puedes mantenerte impasible si los demás no te elogian, no te felicitan, no te dan su aprobación e incluso te ignoran. Entonces sabrás que ya no existe la adicción, que el hábito de la necesidad se ha sanado. De nuevo te sientes bien en tu ser.

Reflexiones para tu diario

Tómate unos instantes, coge tu diario personal y contempla los tres movimientos de la conciencia que te facilitarán la recuperación del bienestar.

Reconocimiento: Identifica las últimas tres ocasiones en las que conscientemente has buscado la aprobación y/o la aceptación del otro.

Comprensión: ¿Por qué crees que necesitabas obtener su aprobación/aceptación/validación?

Transformación: Imagínate que ya no necesitas su aprobación/aceptación. ¿Cómo te sentirías? ¿Cómo serían tu actitud y tu comportamiento?

2

«¡Eso me pertenece!»

La Enfermedad de la CEGUERA

Hay una enfermedad de la conciencia a la que podríamos denominar *ceguera*; no ceguera de nuestros ojos físicos, sino CEGUERA de nuestro ojo interior, nuestro tercer ojo, el ojo de nuestra conciencia. El síntoma principal es la EMOCIÓN. Ser emotivo es el equivalente a tener arena en los ojos. Sin embargo, la emoción es tierra que nos echamos en nuestros propios ojos. Date cuenta de que, cuando eres emotivo, es como si no pudieras ver (percibir) claramente, pensar claramente o tomar decisiones correctas.

Similar a la enfermedad de la adicción, la «creencia viral» que está provocando nuestro sufrimiento emocional es la «obsesión por lo mío». Surgen pensamientos como «Eso es mío...» o «Eso me pertenece...» o «Soy dueño de esto...». Vuelve a aparecer nuestro viejo amigo: el apego. Al parecer, pocas personas hay que reconozcan que toda emoción surge de los vínculos que creamos dentro de nuestra conciencia. Solo si comprendo una verdad, que no hay nada ni nadie mío, es decir, que no poseo nada, puedo liberarme y sanar de este modo la enfermedad de la ceguera causada por la emoción.

El amor se ha perdido... ¡de momento!

Cuando obtenemos lo que queremos a un nivel material, normalmente acuden pensamientos como «Me gustan estas cosas...» o «Me encantaría tener otra de estas...». Es este otro caso en el que el verdadero significado del amor tiende a perderse. Aquí, el amor se confunde con el deseo y el apego. Pero el amor ni es deseo ni es apego; ambos son condicionales y egoístas. También es aquí donde, para la mayoría de nosotros, el amor se mezcla con la emoción. La emoción surge del deseo y el apego, y entonces se la denomina erróneamente *amor*. El amor y la alegría no son emociones, son nuestros estados más naturales de conciencia cuando no sentimos apego. Pero perdemos nuestra capacidad de ser «amor» y ser «alegría» cuando desviamos la energía de nuestra conciencia con cualquier tipo de apego. Fíjate que cuando sientes apego por algo o alguien, quizás no inmediatamente pero siempre acabarán surgiendo el miedo y la tristeza; miedo a la pérdida o el daño, y tristeza cuando se produce una pérdida inevitable. Por eso la inseguridad se instala rápidamente una vez desaparece la novedad del apego («esto es mío ahora»).

De la enfermedad del alma a la no enfermedad

«Esto es mío y me encanta» o «Esto será mío y me encantará tenerlo» son señales de que estamos confundiendo amor con miedo. Lo reconocerás cuando seas más consciente de lo que sientes. Tómate un momento y date cuenta por ti mismo de la diferencia entre «sentir miedo» y «sentir amor». Cuando tienes miedo, fíjate que estás en algún punto del proceso de querer, tomar y mantener. Estás cerrado. Cuando sientes amor, estás en proceso de dar y compartir. Estás abierto. Por desgracia, cuando decimos «Me gusta esto...», sobre lo que sea, normalmente queremos decir «Siento apego por esto o estos...», que es el modo querer/tomar/mantener. El miedo es la enfermedad y el amor es la no enfermedad.

Cuando decimos, entre lágrimas, «He perdido a un ser querido», lo que realmente queremos decir es «He perdido a un ser por el que sentía apego». La tristeza es la enfermedad y la alegría es la no enfermedad. Pero entonces muchas personas se preguntan cómo podemos estar alegres cuando alguien muere. Tal vez celebrando el tiempo que pasamos juntos, apreciando los recuerdos que nos ha dejado esa persona y bendiciéndola y enviándole buenos deseos para ese próximo capítulo de su viaje. Celebrar, apreciar y bendecir son rostros del amor en acción. Cuando nos ponemos estos rostros, no hay lugar para la tristeza.

Pero para la mayoría de nosotros no es fácil verlo, sobre todo cuando nos aferramos a estas «creencias virales»: a) hay algún tipo de apego que es correcto y b) tenemos derecho a la propiedad/posesión. Fíjate, cuando reacciones emotivamente ante alguien o una situación, que la emoción que surge en tu ser (desde la conciencia) siempre se explica porque estás apegado a algo, que puede ser una idea, una imagen, un recuerdo o una creencia. Te aferras a ello y estás atrapado en ello, dentro de tu mente —ya sea consciente o inconscientemente, solo por un instante o durante una hora, o tal vez un año o toda la vida.

Tómate un momento al final del día y reflexiona sobre todos esos «instantes emotivos», hasta detectar a qué sentías apego. Entonces tal vez comprendas la «verdad sobre la emoción», y que el amor y la alegría auténticos solo pueden tener lugar cuando no hay ningún apego por nada ni hay emoción. El desapego no significa que no tengas nada ni a nadie en tu vida, sino simplemente que cambias tu relación con lo que sea y quienquiera que esté en tu vida. Significa que comprendes perfectamente que no es/son «mío/s», ¡que no son yo! La relación se convierte en una relación de no apego. Y al final te das cuenta de que es saludable y fortalecedor, sencillamente porque en el no apego no hay dependencia.

Ver y percibir mediante el propio ser lo que es verdad, dentro del universo de nuestra conciencia, incluirá la percepción de que nunca se puede poseer nada. Es como si intuitivamente «supiéramos» esta verdad cuando decimos cosas como «No te llevas nada cuando te mueres...» o «Hoy estamos aquí y mañana quién sabe, así es la vida...». Pero nos dormimos y perdemos nuestra conciencia natural de esta «verdad». Entonces aparece la creencia aprendida, pero ilusoria, sobre la posesión. Cuando creemos que el apego es correcto e intentamos hacer «nuestras» las cosas y las personas es cuando aseguramos que la emoción se convertirá en la principal moneda de cambio de casi todas nuestras relaciones. Entonces nuestras relaciones pasan a ser adictivas y agotadoras. No es de extrañar que nos cansemos y que necesitemos hacer pausas frecuentes, y vacaciones y tratamientos y terapias y baños relajantes y... bueno, no hace falta que siga, ¿no?

Estas son las formas más habituales de apego y el consiguiente sufrimiento de ceguera que provocan:

Apego a una IDEA

En cuanto te sientes apegado a una idea, aunque sea diciendo «Esta idea es MÍA», después, si alguien ataca o critica esa idea te pones a la defensiva (la enfermedad del miedo) e incluso devuelves el ataque (la enfermedad de la ira). Si no estuvieras apegado a la idea, estarías más abierto a las de los demás y no perderías la calma cuando los demás no aceptaran la tuya. Estarías abierto a comprender las ideas ajenas e incluso aprender de ellas, tal vez buscando formas creativas de combinar ideas.

Apego a una IMAGEN CORPORAL o a cualquier imagen

Si creas una imagen de tu yo basada en cualquier cosa que haya en el mundo, verás que empiezas a sentirte inseguro (miedo). En cuanto crees una imagen de tu yo en la mente, no será fácil desapegarte de ella. Todos aprendemos a crear imágenes de nuestro yo, normalmente basadas en la misma forma que vemos cada mañana en el espejo del baño. Entonces, si alguien se ríe de nuestro cuerpo o hace algún comentario negativo sobre algo que tenga que ver con la imagen física que tenemos de nuestro yo, creamos «emoción», normalmente en alguna forma de tristeza, ira o vergüenza. En esos momentos estamos cegados por dichas emociones. Hemos perdido la calma y no somos capaces de desplegar nuestro yo como amor. Todo porque estamos apegados a una imagen que hemos creado de nuestro yo dentro de nuestro yo. Esto solo puede terminar cuando comprendemos que «No soy una imagen en mi mente».

Apego a un RECUERDO

Si alguien te reta o intenta modificar tus recuerdos, verás que empiezas a defender tu interpretación, tu descripción detallada del acontecimiento (miedo) e incluso menosprecias la interpretación de los demás (ira). O que empiezas a crear tristeza en torno al recuerdo, porque el momento ha desaparecido, se ha perdido en el pasado.

Apego a una CREENCIA

Este es el primer motivo por el que se producen todos esos momentos de enfermedad de ceguera. Es el apego a tus creencias, tanto a las conscientes como a las subconscientes. Es el motivo por el que conviene no creer en nada que oigas o leas, sino que observes tu interior, y veas y conozcas tu yo. Para ello debes adoptar en tus hábitos vitales algunas prácticas espirituales como la meditación y la contemplación.

En todos los ejemplos anteriores pensamos en nosotros. «Mi idea, mi imagen, mi recuerdo, mis creencias». Es como si intentáramos poseer y mantener la propiedad exclusiva. Esta creencia en lo mío es la causa original de todas las emociones que momentáneamente nos ciegan. Para algunos no es tan momentánea, sino que se ha convertido en algo cotidiano. Ciertamente lo fue para mí durante mucho tiempo.

La emoción es LA enfermedad más habitual de la conciencia

Se trata de una afirmación ciertamente audaz con la que muchos estoy seguro que no estarán nada de acuerdo. Pero antes de que tú también muestres tu desacuerdo, te recomendaría que te aseguraras de saber qué quieres decir cuando utilizas la palabra *emoción*. Resulta que prácticamente todo el mundo que me encuentro en los talleres y retiros que organizo en torno a este tema, no tiene un sentido claro de lo que quiere decir cuando utiliza la palabra *emoción*. No digo que estén equivocados, solo que no somos capaces de definir claramente el término *emoción*, probablemente porque no pertenece a nuestra educación formal o informal. «¿Qué es una emoción?» no es precisamente una pregunta que suelan plantear los profesores en clase o el tema de conversación en las comidas familiares. Y digo eso antes de que intentemos definir el significado de «sentimiento» y luego intentemos desentrañar el sentido de ambos.

Pero, ¿por qué es una incógnita para tantos de nosotros? Hay tres razones: a) la falta de conciencia de lo que sentimos exactamente en un momento dado, ya que nadie nos enseña a identificar nuestros sentimientos; b) la ignorancia ante la verdad de que somos responsables al cien por cien de lo que sentimos en todo momento; c) la creencia de que solo somos un cuerpo, lo cual sitúa entonces la emoción en el territorio de una función cerebral y la consiguiente sensación corporal, contra lo cual poco podemos hacer. Pero las emociones no se originan en el cerebro, se originan en la conciencia, en el yo, en el «yo» que dice «yo soy». Indudablemente tienen un efecto en el cerebro. Pero no somos las víctimas de la función cerebral y lo sabrás en el momento en que empieces a darte cuenta de cuándo, dónde y cómo creas tus emociones, es decir, tus tristezas, tus iras y tus temores.

Si comprendiéramos realmente que somos plenamente responsables de nuestras emociones y sentimientos, estaríamos mucho más alerta y aprenderíamos enseguida a elegir y generar conscientemente nuestros sentimientos. (Hay una descripción completa de este proceso en mi libro anterior: *Los 7 mitos del... ¡verdadero amor!*).

Pero no me malinterpretéis. NO estoy diciendo que la emoción esté bien o mal. NO estoy diciendo que no tengamos que ser nunca emotivos. La emoción es un indicio de que estamos sufriendo y su causa hay que buscarla siempre en el apego a una creencia/imagen/idea. La emoción es un mensaje vital, una especie de texto interior para nosotros, de que estamos cometiendo algún tipo de error en nuestra conciencia.

¿Lo ves?

Comprueba si puedes visualizar esta dinámica en tu conciencia, en tu ser. Busca un rincón tranquilo y reflexiona sobre la última vez que te sentiste mal (emotivo). ¿Qué te provocó el malestar? ¿Cuál es la imagen/idea/creencia a la que estabas apegado en tu mente? ¿Cuál fue la emoción exacta que creaste y sentiste? Nómbrala.

Cuando empieces a ver y nombrar estas «emociones que sientes» en tu conciencia, empezarás a desarrollar el lenguaje que te hace «experto en el mundo de las emociones». Recuerda que no es que la emoción sea mala o que nunca tengas que ser emotivo; es algo que no ocurrirá de la noche a la mañana. Creencias como estas son las que nos impiden ver cómo y por qué estamos generando emociones. Solo cuando «ves por ti mismo» puedes, podrás, naturalmente... ¡frenarlas!

En esencia, el síntoma principal de la enfermedad de la ceguera es la emoción. Cuando seas emotivo, sé consciente de la naturaleza exacta de la enfermedad. Da un nombre a la emoción y, al hacerlo, crearás tu vocabulario emocional y agudizarás tu conciencia. La «creencia viral» que provoca la enfermedad que todos absorbemos en nuestro camino hacia la vida adulta es «Es mío» o «Será mío» o «Debería ser mío». Es la creencia de que en realidad poseemos... cosas. La comprensión de la verdad es que «Nada es mío... nunca». La «verdad» es que todo viene y va, incluidas las personas, los objetos, el dinero, los pensamientos, los sentimientos, etc. Pero hay una cosa, que no es una cosa, que nunca viene y va. Siempre está presente. ¡Pero no es una cosa! Es el «yo» que dice «yo soy». Y eso es lo que eres: nada. Observa esto, **compréndelo** y serás libre. ¡Ya no te poseerá la ilusión de tener posesiones! La **transformación** se ve en la ausencia de emoción, puesto que ya no lloras cuando algo te abandona, ya no tienes miedo a que alguien te abandone y ya no te enfadas porque no hay nadie a quien echarle la culpa cuando no tienes nada que perder. Y ahora tienes la capacidad de recibir con los brazos abiertos y abarcar todo y a todos, sin apegarte a ellos de ninguna manera. A veces decimos que esto es amor. Fíjate y verás que cuando estás en ese estado que llamamos *amor* o «ser amoroso» hay una total ausencia de emoción.

Reflexiones para tu diario

Reconocimiento: ¿Cuáles son las diez cosas más preciadas que crees que te pertenecen?

Comprensión: ¿Cuál de estas cosas posees de verdad? ¿De cuál dirías, de corazón, «es mía»?

Transformación: ¿Cómo te sentirías «inmediatamente» después de que te las quitaran? ¿Qué sentirías... «a largo plazo»?

3

«He perdido algo muy valioso»

La enfermedad CARDÍACA

Hay una enfermedad de nuestro corazón; no del corazón de nuestro cuerpo, sino del corazón de nuestra conciencia, el corazón de nuestro ser, nuestro corazón espiritual. Conocemos a esta enfermedad como la emoción de la TRISTEZA. A veces nos referimos a ella como un sentimiento de abatimiento en el corazón cuando decimos: «Sin duda tenían el corazón apesadumbrado». La «creencia viral» que subyace en esta emoción particular y que, por tanto, provoca toda la tristeza es: «He perdido a alguien o algo». Es una de las «creencias virales» más predominantes con las que solemos «infectarnos» mutuamente, del mismo modo que contagiamos el virus de la gripe en la oficina. La tristeza se contagia a nuestras conversaciones cuando «nos identificamos» con alguna aparente pérdida de otra persona y generamos tristeza en su lugar.

La tristeza y la pena, esa moneda tan común en nuestras relaciones, también se «cree» que son naturales. Es difícil comprender que son una forma de sufrimiento, y por lo tanto que son casos «no naturales» de nuestra conciencia.

¡De vuelta a la realidad!

Volviendo por un momento al territorio de «lo real», en esencia hay dos realidades en la vida. Primero está el mundo físico que nos rodea, siempre cambiante, y en el que se incluye la forma física que ocupamos. La segunda realidad es el mundo de nuestro interior, de nuestra conciencia, que es nuestro yo. En esta realidad, aunque los pensamientos y los sentimientos cambian, hay un espacio interior que no cambia nunca. Es el núcleo silencioso e inmóvil de tu ser. El «yo» que dice «yo soy», es como el centro de una rueda donde hay una parte de ella que nunca se mueve. Todo lo demás se mueve a su alrededor. Eso significa que todo en la vida gira en torno al centro inmutable, inamovible y siempre inmóvil que es el yo. ¡Tú! Reflexiona unos instantes y observa si puedes acallar tus pensamientos ni que sea por un momento. Permítete ser consciente únicamente de tu ser en estado de conciencia. Toma conciencia de la inmovilidad, el silencio... ¡ese eres tú! El inmóvil, inamovible e inmutable... tú.

Entre estas dos realidades, entre la realidad de «ser» (centrado) y la realidad de «hacer» algo en el mundo (acción fuera del centro), tenemos lo que llamamos *mente*. La mente es la interfaz entre el ser y el hacer. Mientras tu mente está en tu conciencia, en «el yo», ¡no eres tu mente! La mente es como una ventana y una pantalla. A través de la ventana de la mente atraes hacia ti el mundo exterior, por así decirlo. Al mismo tiempo, puedes utilizar tu mente como una tela, como una pantalla en la que crear imágenes, ideas, conceptos, etc. A través de la ventana de tu mente proyectas entonces lo que creas en tu mente interior hacia el gran y amplio mundo «de ahí fuera».

Tómate otro instante y observa si reconoces este proceso o dinámica.

Todos solemos cometer un error básico: «confundimos» la realidad secundaria de ese mundo físico siempre cambiante que incorporamos a nuestra conciencia a través de la mente, por la principal realidad de nuestro yo. Aprendemos a creer que la única realidad está «afuera», en las acciones e interacciones de todos los dramas que ocurren a nuestro alrededor, tanto en el ámbito local como en el global. Por consiguiente, muchos de nosotros nunca sabremos de verdad, es decir, nunca comprenderemos de verdad, la realidad primordial de nuestro ser. Por consiguiente, dejamos que el mundo «de ahí fuera» modele, defina y controle nuestro estado del ser «aquí dentro». De ahí el sentimiento frecuente de muchos de nosotros de estar a merced de los acontecimientos cambiantes, de estar afectado por el comportamiento de otras personas, de estar molesto por las emociones de los demás, de estar profundamente emocionados por la película que hemos visto. Permitimos que la realidad secundaria que «de ahí fuera» nos domine, domine el yo y la realidad esencial «de aquí dentro».

La «creencia viral» más profunda que nos bloquea y nos hace creer erróneamente que «lo externo» es la realidad primordial es «Yo mismo no soy otra cosa que una forma física». Como dice el viejo proverbio: «A quien solo tiene un martillo, todo le parece un clavo». Cuando solamente crees, ves y piensas en tu yo como una forma física, entonces todo lo que tiendes a percibir, «valorar» y querer son las cosas materiales/físicas que continuamente ves a tu alrededor. Pero en el momento en que te despiertas y te haces consciente de tu yo como la «conciencia» en sí misma, en ese momento en el que tocas y saboreas el estado de reconocimiento calmado y tranquilo en tu interior, es cuando modificas tu percepción de la realidad y recobras el reconocimiento de la realidad fundamental, que es el universo de tu propia conciencia.

Interior y exterior

A medida que vas reconociendo más lo que ocurre en tu conciencia, en tu mente, diferencias claramente entre las dos realidades: la interior y la exterior. Entonces es cuando empiezas a ver las «conexiones» entre lo interior y lo exterior, entre la conciencia y la forma, entre las decisiones que tomas con conciencia hoy y tu destino en el mundo mañana, entre tú y tu cuerpo. En esos momentos te despiertas a la realidad principal de tu ser. También es el momento en el que empiezas a sanar todas estas enfermedades del alma/espíritu/yo. Las «creencias virales» que hay tras estas enfermedades se contemplan por lo que son, simplemente creencias absorbidas a partir de la realidad secundaria, del propio mundo «de ahí fuera». A la luz de esa verdad que has comprendido, según la cual eres espíritu y no forma, estas creencias programadas se perciben como lo que son: ilusiones. Son ilusiones que pasan centelleando por delante de ti. Pierden su influencia sobre ti en cuanto dejas de «creer» y comprendes lo que es verdadero. En caso de abatimiento del corazón, comprendes que la realidad fundamental (tú aquí) no puede poseer nunca nada de la realidad secundaria (el mundo allí), así que nunca se perderá nada. No más pérdidas equivale a no más tristezas.

Mira atentamente

En la vida pasamos por muchos momentos de tristeza, sin comprender que en ellos estamos creando la enfermedad de la tristeza para nuestro yo. Cuando hacemos de la tristeza un hábito y en nuestra memoria se acumulan muchos momentos de tristeza, es probable que nos esté acechando la depresión. Así pues, **reconocer** la presencia de la tristeza en nuestra conciencia es el primer paso para sanar la enfermedad de un corazón apesadumbrado. Observa la emoción de la tristeza que sientes y **comprenderás** siempre que su causa está en la «creencia viral» de que acabas de perder algo: una cosa, una persona, el prestigio, una oportunidad, etc. Sigue mirando en tu interior hasta que comprendas que, en realidad, nunca has poseído ninguna de estas cosas. Deja que la comprensión de esta «verdad» **transforme** la pesadumbre de tu tristeza en la ligereza de ser. Observa como tu sonrisa y tu risa vuelven a inundar tu conciencia, penetrando en ella, y entonces esta verdad se mostrará con una sonrisa en la realidad secundaria de tu rostro.

Vayamos a un nivel más profundo.

Crea otro momento

Siéntate, relájate y tómate unos instantes para ver la vida pasar. Fíjate en que el mundo funciona sin problemas, con todos sus movimientos y cambios,... ¡sin ti!

Quédate en calma y fíjate en que tú eres esa calma en el centro. Simplemente mirando... observando... siendo.

Practica este estado interior solo y poco a poco empezarás a revivir la conciencia de que la principal realidad de la vida es lo que ocurre dentro de la conciencia, dentro de ti en estos momentos.

Empezarás a darte cuenta de que todos los movimientos y cambios que se producen «ahí fuera» están en realidad produciéndose dentro de tu realidad fundamental «aquí dentro», en la pantalla de tu mente.

No entres ahora en tu mente. Simplemente observa lo que está ocurriendo EN ella.

En la pantalla de tu mente, «aquí dentro», se está proyectando la película *La vida en el mundo de ahí fuera*.

Ahora se está interpretando en el teatro de tu conciencia y tú eres el público.

Date cuenta, mientras observas, de la profunda paz y tranquilidad que sientes.

Fíjate en la ausencia de toda emoción y en la presencia de una alegría tranquila, un aprecio y gratitud profundos que naturalmente acogen «aquí dentro» todo lo que ocurre ahí fuera.

Toma conciencia de cómo va pasando todo, personas y cosas. No a través del aeropuerto sino de tu conciencia, mientras pasan a través de TI.

Fíjate y verás que eres consciente de que nunca pasas, siempre estás... ¡ahí!

Incluso no ahí, sino... ¡aquí!

Comprueba si puedes reconocer que todo lo que antes creías que estaba «ahí fuera», ahora está, en realidad, «aquí dentro».

Siéntate... relájate... observa... mira... comprende... conoce... sé.

Reflexiones para tu diario

Reconocimiento: ¿Cómo ayudarías a otra persona a reconocer que estar triste y sentir pena no es natural?

Comprensión: ¿Qué verdad le mostrarías a otra persona con el fin de ayudarla a no crear y sentir tristeza después de perder algo muy valioso?

Transformación: ¿Cómo puedes demostrar a los demás quepueden elegir no sufrir cuando creen que han perdido a alguien o algo?

4

«Va a ocurrir algo terrible»

La enfermedad de la PARÁLISIS

Hay una enfermedad de la conciencia que conocemos como PARÁLISIS. El síntoma principal es el MIEDO. Es la emoción del miedo la que paraliza nuestra conciencia, como le ocurre al animal que cruza la carretera y se queda hipnotizado con los faros de un coche. Presenta muchos matices: de la ansiedad al pánico, de la tensión a la preocupación, de la inseguridad al terror abyecto. Tendemos a no prestar mucha atención a su presencia, ya que es un viejo compañero en la mayoría de nuestras vidas. Aprendemos a vivir con él hasta que domina nuestras vidas, e incluso puede provocarnos algún tipo de malestar físico.

También estimula cierta sustancia química adictiva en nuestro cuerpo llamada *adrenalina*. Somos tan inconscientes que iremos a ver una película de miedo y pagaremos a alguien para que aterrorice a nuestro yo, ¡y todo en nombre de la relajación! El miedo, igual que la adrenalina, es adictivo. Eso significa que, contra toda lógica, el estrés es adictivo, así que no debe extrañarnos que la gente, cuando se le enseña cómo liberarse de él, diga cosas como: «El estrés es una parte natural de mi vida, así que supongo que és normal. Todo el mundo sufre estrés, así que debe de ser propio de la naturaleza humana». Lo que en realidad significa: «De hecho no quiero cambiar, tengo adicción a mi estrés».

Fíjate que la tristeza está siempre basada en la «creencia» de que se ha perdido algo del pasado, y el miedo es siempre una «creencia» relacionada con la pérdida que está por venir, que se proyecta en un futuro imaginario.

Todas las formas del miedo parten de la misma «creencia viral», que es «Estoy a punto de perder algo». Este «algo» podría ser desde un objeto tangible hasta el prestigio personal, desde una oportunidad hasta la aprobación por parte de alguien, desde otra persona hasta un puesto de trabajo. También «tenemos miedo» en nombre de los demás. Nos imaginamos que van a perder algo y nos asustamos por ellos; incluso podríamos llegar a sufrir más que ellos. Sin embargo, como hemos analizado antes, muchos de nosotros hemos crecido con esta «creencia viral» que dice que preocuparse por los demás es una manera de demostrarles que nos importan.

Os he estado lanzando estímulos para que comprendáis lo que algunos llaman «verdad eterna», que dice así: «No tengo nada que perder porque, al fin y al cabo, nada es mío». Pero es difícil vivir después de toda una vida asimilando y afirmando la «creencia viral» según la cual «Tengo todo que perder porque todo lo que tengo es mío».

Falsa sensación de seguridad

Tal vez deberíamos preguntarnos primero por qué deseamos poseer o ser propietarios de algo. Normalmente es porque lo que pensamos que poseemos «parece» proporcionarnos una sensación de estabilidad, seguridad y estatus; parece ofrecer una sensación de control en un mundo que cambia constantemente. De hecho, estamos externalizando nuestro sentido de la estabilidad y la seguridad e invirtiéndolo en un mundo cambiante e inestable sobre el que no tenemos ningún control. Tan dormidos estamos que la mayoría de nosotros no se da cuenta de que hacer depender nuestra estabilidad, seguridad y sentido del yo de algo o alguien fuera de nuestro yo significa crear sentimientos de... ¡inestabilidad e inseguridad!

Imagínate que no posees nada ni nadie. Sí, tienes una casa, un coche, un trabajo, ropa, un armario, cuadros, parejas y quizás hasta hijos. ¿Es posible llegar a comprender que NO son míos? En realidad no me pertenecen. Todos llegan a nuestra vida por un motivo: algunos para enseñarnos algo, otros para ofrecernos la oportunidad de darnos a los demás, otros simplemente para algún uso funcional, algunos por conveniencia, otros para permitirnos co-crear con otras personas. Pero, en última instancia, nada es «mío». Si por un momento pudieras separarte de TODOS ellos, es posible que captaras la verdad básica que te recuerda que todo lo «de ahí fuera» son simplemente «paquetes de energía» que entran y salen de nuestra existencia igual que la energía va cambiando constantemente sus diversas formas. La naturaleza de toda esa energía que hay en la realidad material «de ahí fuera» es cambiar constantemente de forma, ubicación y relación con respecto a todas las otras formas.

¿Compañero o controlador?

Incluso nuestros hijos no son «MIS hijos». Son seres humanos en su viaje único a través de la vida. Tenemos el privilegio y el honor de poder ayudarles en su camino; de ser un guía, un instructor, tal vez un compañero, a veces un consejero, a veces un profesor y a veces solo un amigo. Nos dan la oportunidad de desempeñar todos estos papeles y, cuando lo hacemos, aprendemos, crecemos y nos hacemos más sabios. En el proceso nos brindan la oportunidad de mostrar, dar y saber lo que tenemos en nuestro interior. Por desgracia es algo que muchos padres no saben ver. Tienden a ver solo un papel, que es el de «controlador supremo». ¿Por qué? Por una «creencia viral»: tengo que controlar lo que creo que es mío, MIS hijos. Después utilizamos otra «creencia viral» para justificar nuestro intento de control y decimos:

«¡Es por su bien!». De repente, el progenitor se convierte en un tirano a tiempo parcial y, por consiguiente, en un maestro de las prácticas y procedimientos de la tiranía.

¿Puedes perder la vida?

La única manera de liberarse del miedo a la pérdida es la misma que se aplica para liberarse del corazón apesadumbrado y lleno de tristeza. Se trata de comprender que no hay absolutamente nada que perder porque no hay nada que sea nuestro/vuestro/mío. Alguien puede decir: «¿Y si pierdo la vida? Seguramente es una de las cosas que puedo perder». Aquí reside probablemente la verdad más profunda que, una vez comprendida, te permitirá caminar sin temor por todas partes y para siempre. Dice así: *La vida es lo que eres. Ocupas y estimulas tu cuerpo, y de este modo le das vida. Al fin y al cabo tu cuerpo se irá, de eso no hay duda, pero no es lo mismo que perder tu vida, porque eres vida y nunca puedes perder tu yo.* Aquí tienes una meditación propiamente dicha.

El final de la historia

La «historia» de la vida que estás creando mediante tu cuerpo, es decir, tu historia vital, podría estar llegando a su fin, pero es simplemente una historia en la vida, no es la vida en sí misma. Son simplemente recuerdos que acumulas y relacionas en el camino, pero tú no eres una cadena de recuerdos. Eres la vida en sí misma y nunca puedes perder tu ser. ¿Alguna vez has perdido tu ser? El ser es lo único que nunca se pierde.

Algunos dirán incluso que no existe el ser. Muy bien, sigamos un momento por ese camino. ¿Quién se refiere al ser como ser? ¿Hay alguien ahí, verdad? Muy bien, no le llamaremos *ser*, le llamaremos *conciencia* o *aquel que es consciente de ser consciente*. Soy yo/tú, o simplemente «yo». Así es la vida. A este centelleo de pura conciencia se le llama a veces *alma* o *espíritu*, o simplemente *conciencia*. Pero sea cual sea el término que utilicemos, el término en sí no lo es. El término no es yo. El término siempre es inadecuado. Simplemente sé consciente de que eres consciente, sé consciente de que eres lo vivo en sí mismo, eres la vida en sí misma. ¿Puedes atrapar tu ser? No. ¿Puedes atrapar y aferrarte a la vida igual que puedes atrapar y aferrar un objeto con la mano o puedes aferrarte a una idea con la mente? ¡No! Así que si no puedes atrapar la «vida», no puedes perderla.

Cuando hablamos de perder nuestra vida, a lo que nos referimos en realidad es a todas las condiciones de nuestra vida, incluyendo nuestro estilo de vida, que es lo que hemos creado, lo que «conocemos» y a lo que nos hemos apegado. Sí, la historia sobre nuestra vida y todas sus condiciones materiales se acabará. Y puesto que estamos ligados a los recuerdos que conforman lo que llamamos «mi historia» y estamos ligados a las imágenes de todas las cosas y personas de «mi historia», identificamos nuestro yo con «mi historia». Las historias y sus distintos componentes tienen un final, por lo que surge el miedo. Pero lo que no sabes es si «tú», el creador de la historia, tendrás un final.

Pongamos que hay un final para ti. Lo que ocurra en «el final» es un misterio total, y no puedes temer lo que no conoces. Es irracional e ilógico. Por eso todo el miedo se basa en perder lo que crees que sabes o tienes. Pero lo que tienes son solo recuerdos y tú no eres un recuerdo. Tú eres... ¡tú!

Morir para vivir

Estar apegado a algo o alguien, a cualquier historia, incluida la propia o la de otros, no es vivir plenamente. De hecho, es una manera de suprimir nuestra energía vital, nuestro yo. Como ya hemos visto, cuando nos apegamos a alguien, nos aferramos a la idea o imagen que tenemos en nuestra mente. Empequeñecemos y nos ponemos límites cuando definimos nuestro yo mediante esas pequeñas y limitadas ideas e imágenes que surgen de nuestra memoria. A tu lado, ¡incluso las ideas más grandes son pequeñas! Como consecuencia del apego, las enfermedades de la tristeza y el miedo hacen su aparición. Para vivir y estar plenamente vivos necesitamos ser completamente libres, así que cada día tenemos que matar nuestros apegos. No literalmente, por supuesto: «matar» aquí significa romper con el apego, liberar nuestro apego o no estar apegados, lo que a veces describimos como «soltar». Pero al basar el sentido de la vida y del vivir en nuestros apegos, en nuestra historia, es como si estuviéramos matando nuestro yo siempre que pensamos en «soltar»... algo.

La causa principal de la enfermedad del alma y posterior enfermedad del cuerpo

Significa esto que cada vez que nos apegamos a —y nos identificamos con— lo que no somos, estamos cometiendo una especie de suicidio espiritual. El origen de esa enfermedad de la conciencia que llamamos *estrés* es siempre el apego y la identificación errónea. Es la causa de todos nuestros temores e iras, y ahora sabemos que esas emociones son las que, con el tiempo, también tienen consecuencias perjudiciales en la salud física. Cuando creamos enfermedades del alma y saboteamos el bienestar de nuestro ser, no solamente nos provocamos infelicidad, sino que ello afecta a nuestra salud física y desemboca en enfermedades del cuerpo. Es el *efecto psicosomático*. Así pues, la causa principal tanto de nuestras enfermedades del alma como de nuestras enfermedades del cuerpo es nuestro apego a estas «creencias virales»: a) la pérdida es posible y b) la posesión es posible. Estas «creencias virales» no suelen diagnosticarse en el proceso de recuperación de la buena salud y el bienestar del ser.

Vivir es morir y morir es vivir

Los cuerpos que ocupamos son nuestras moradas. Nuestro cuerpo es nuestro Rolls Royce. Son las creaciones exquisitas y eficientes las que nos permiten crear nuestra vida y conectarnos y co-crear con los demás. Es un medio que nos brinda la oportunidad de expresar, de «sacar afuera» los atributos y la belleza de nuestro ser. Cuidar de nuestro cuerpo es tener la relación adecuada con él.

También podrías decir, respecto a tu cuerpo, que igual que vive, muere. Todos damos vida a una forma material que está en constante proceso de deterioro físico. La llamamos *envejecimiento* y tiene un destino llamado *muerte*. Por lo tanto, si estás apegado al cuerpo que ocupas y te identificas con él, entonces «creerás» que «estoy envejeciendo» y que «moriré». ¡Así puedes pasarte fácilmente toda la vida en un estado de ansiedad! ¿Pero es verdad? ¿Te mueres? El dictamen científico no sirve porque la ciencia no puede probar que el «yo» como entidad consciente, como energía espiritual, existe de forma separada del cuerpo. Hay mucha evidencia anecdótica en forma de experiencias «fuera del cuerpo» o «cercanas a la muerte». Hay muchas personas que piensan que han vivido otras vidas. También están aquellos que, mediante hipnosis, han conseguido regresar a vidas pasadas. Y hay millones de personas que sienten intuitivamente que este no es su primer «vehículo» de cuatro extremidades y que la muerte es solo un acceso a otra vida, una transición temporal a un nuevo modelo. Cada uno de nosotros solo puede decidir por sí mismo.

La libertad más profunda

Lo que parece ayudar a tomar esa decisión, sobre todo si estamos en el bando de los inseguros, es el aprendizaje y la práctica de la meditación y la contemplación. Podrás así ver y conocer, sentir y comprender, tu YO, sin todas las historias, sin todos los apegos y dependencias, sin la carga de todas las creencias heredadas. Podrás tocar y sentir a un nivel más profundo en tu yo, en tu conciencia. Un nivel en el que no estás apegado a nada ni a nadie, en el que no tienes recuerdos y en el que conoces la libertad más profunda y la alegría más inmensa. No puedes «imaginártelo», solamente tocarlo, estar en él y, por tanto, conocerlo. Solo entonces es posible que la idea de morir pierda su finalidad e incluso su carácter real.

El estado más elevado

Solo cuando llegas a la cima de una montaña puedes ver todo el paisaje de forma clara. Es como si, viendo esa magnífica escena, sintieras que eres el dueño de todo lo que hay ante ti. De modo similar, solo cuando tocas y conoces el más profundo —o quizás deberíamos decir «más elevado»— estado de conciencia en el que no estás apegado a nada, no dependes de nadie, no tienes ningún tipo de necesidad, eres un espíritu verdaderamente libre, ves claramente que todos los apegos a estos bajos niveles de conciencia son las causas de todos tus miedos, de todos tus momentos de parálisis interior. Una vez lo hayas probado, no solamente ganarás una nueva perspectiva de tu ser sino que lograrás también que tu fuerza interior no se vea afectada por las idas y venidas de todo aquello a lo que previamente te aferrabas desesperadamente. En vez de sentirte sin fuerza para resolver las circunstancias adversas, en vez de sentirte despojado de todas tus fuerzas por la idea de un destino inevitable, volverás a recuperarlas.

En resumen, reconoce cualquier forma de miedo que surja en tu conciencia, en ti. Obsérvalo y mira si puedes ver la «creencia viral» que hay detrás. Te darás cuenta de que creerás que estás a punto de perder algo o alguien en un futuro cercano o lejano. Te darás cuenta de que estás desperdiciando tu imaginación mientras creas una película en la pantalla de tu mente en la que estás siendo catastrofista y, por tanto, estás intimidando a tu yo. Mantén la calma mientras observas, y mira si puedes ver tras las imágenes y los sentimientos de la catastrófica pérdida que crees que sufrirás en el futuro. Mira si puedes ver una verdad más profunda, que no posees lo que crees que puedes perder. Es solo el atrezo de un millón de escenas de la historia de tu vida. No te corresponde tener. No puedes perder algo que no tienes. En realidad, no tienes nada. Cuando **comprendes** esto, el «falso sentido del yo», que era el resultado de identificarte con lo que pensabas que era «mío», está muerto. El falso «tú», tal vez muchas versiones falsas de ti, que estaban chupándote la energía vital, acaba de morir. Pero TÚ ahora estás absolutamente vivo. Y cuando ya no hay más yos falsos que mantener, entonces, y solo entonces, podrás empezar a vivir plenamente y sin miedo.

La mayoría de nosotros vivimos la vida a través de distintas formas de miedo, como la ansiedad, la tensión, la preocupación y los momentos de puro pánico. Si dejas que mueran los «yos falsos» para poder empezar a vivir, te liberarás de todos estos miedos. Tu **transformación** solo «la siente y la conoce» tu propio yo, pero los demás son testigos de ella y la sienten, ya que reciben de ti una energía de calidad muy distinta. Tú sientes una libertad interna muy estimulante y ellos ven y sienten la presencia de un espíritu libre que nace.

Reflexiones para tu diario

Reconocimiento: Escribe todo lo que crees que perderás en el futuro. ¿Cómo te sentirás cuando desaparezca todo eso? ¿Cuánto tiempo tardarás en recuperarte de estos sentimientos? (Haz una lista y un cálculo de cada pérdida.)

Comprensión: ¿Cómo podrías asegurarte de que no vas a sufrir cuando llegue el momento de separarte de todo lo que tienes en la vida?

Transformación: ¿Cómo te sentirías y qué harías de otro modosi vieras que, en realidad, no tienes nada que perder?

5

«Deberían hacer lo que yo quiero»

La enfermedad de la LOCURA

Se trata de una enfermedad de la conciencia que conocemos como LOCURA, pero no es el tipo de locura definida en el universo psiquiátrico que haría que nos «internaran en un centro». Se trata de la locura «del día a día», una locura popular. Su principal síntoma es la IRA, en alguna de sus muchas formas. Es el fuego emocional que empaña nuestra visión y envía nuestros pensamientos en una carrera enloquecida por nuestra mente mientras buscamos justicia o venganza. En esencia, la ira surge de la «creencia viral» de que podemos cambiar o controlar las dos cosas en la vida que nunca pueden cambiarse y sobre las cuales no tenemos control, en especial el pasado y otras personas. Los pensamientos que surgen son del estilo de: «No consigo lo que quiero... No están haciendo lo que quiero... Deberían hacer lo que quiero... Debería controlarlos más».

¿Por qué «locura»? Por tres motivos. Cuando surge la ira significa que estamos fuera de control, ya que sometemos el control de nuestra conciencia al incendiario revuelo emocional de la ira. En segundo lugar, nos volvemos irracionales; al menos durante unos momentos, perdemos la capacidad de pensar y decidir de modo racional. En tercer lugar, y es la razón principal por la que podemos decir que la ira es una locura, es un indicio de que estamos intentando hacer lo imposible, es decir, cambiar lo que no podrá cambiarse nunca, el pasado u otras personas. Lo que sucede es que no somos nada conscientes de que es eso lo que estamos intentando hacer. Por fortuna la ira siempre acaba pasando de largo, como todas las emociones, y al final nos calmamos. A menos que rompamos con el hábito de provocar la ira, el fuego emocional simplemente se hará cada vez más ardiente y frecuente.

Celebrar nuestra infelicidad

La mayoría de nosotros reconocemos que nos sentimos muy infelices cuando estamos enfadados. Pero la sociedad aprueba nuestro enfado. Ilógicamente, incluso aprendemos a celebrar estos momentos de enfado infeliz. Y entonces pensamos que son normales. Mamá y papá no desaprobaban las pataletas, siempre y cuando se acabaran rápidamente. Todos hemos aprendido a «entretenernos» con la rabia y la venganza de los demás, ya sea en una película o en la vida real. A menos que nos esté ocurriendo de verdad a nosotros. Así que no cuestionamos la creencia de que un poco de ira va bien.

Existen siete «creencias virales» populares en torno a la ira y sus diversas formas (irritación, frustración, resentimiento, rabia, etc.) que infectan nuestra conciencia. Dichas creencias nos hacen enloquecer a menudo sin que tengamos la mínima conciencia de que estamos momentáneamente mal de la cabeza.

Las creencias virales

1. Es natural estar enfadado, así que no hay problema.
2. Mi/nuestra ira puede cambiar las cosas a mejor «a nuestro alrededor».
3. No es saludable mantener nuestra ira encerrada, es bueno soltarla.
4. Es mejor expresarla, si no cómo van a saber los demás lo que sientes.

5. Son «ellos» los que me hacen enfadar.

6. «Necesito» enfadarme de vez en cuando porque ello me impulsa a actuar.

7. La ira es una forma de hacer las cosas, es una forma de motivar a los demás (dicen el padre/jefe despreocupados).

Pandemia emocional

¿Son verdaderas todas estas creencias? Hasta que comprendemos la verdad, nuestra locura va en aumento y seguimos creando la emoción del humor violento, en un abanico que va del mal humor más encendido a la ira volcánica.

Estas creencias son generalizadas y por eso la ira, en todas sus formas, puede clasificarse como una «pandemia emocional». Cada día tenemos noticias de más arrebatos y de la muerte de cientos, y a veces miles, de personas a causa de la ira. Una multitud gritando y protestando contra su gobierno, o contra otro, es una señal inequívoca de que se ha activado el virus, ha infectado a mucha gente y reina la locura en masa.

Liberar tu yo de estas erupciones volcánicas provocadas por uno mismo significa no solo comprender la verdad sino también vivirla. Los viejos hábitos se arraigan, así que las viejas formas de reaccionar con enfado son hábitos que no desaparecen de la noche a la mañana. Es más práctico no esperar el éxito inmediato. Cada día nos trae muchas oportunidades para despertar, esparcir esas «creencias virales» y vivir algunas de las verdades más poderosas de nuestras relaciones en casa y en el trabajo. En el contexto de sanación de esa enfermedad conocida como «locura del alma» hay algunas de las verdades que, una vez comprendidas y traducidas en comportamiento, servirán para recuperar la tranquilidad del bienestar de un yo agitado.

De la creencia a la verdad

1 Creencia viral: Es natural estar enfadado, así que no hay problema. **Verdad**: No, no es «natural». La ira es un signo de que has perdido temporalmente la conciencia y la conexión con tu «verdadera naturaleza», que es pacífica y amorosa.

2 Creencia viral: Mi/nuestra ira puede cambiar las cosas a mejor «a nuestro alrededor». **Verdad**: «A nuestro alrededor» empieza en tu propia conciencia. La ira es un cambio perjudicial de la conciencia. ¡Siéntelo por ti mismo! El equivalente físico es clavarte un cuchillo en la pierna.

3 Creencia viral: No es saludable mantener tus emociones encerradas, es bueno soltarlas. **Verdad**: No es buena idea expresar ira, ya que es una forma de violencia y la violencia es la condición emocional subyacente a todos los conflictos y guerras.

4 Creencia viral: Es mejor expresarla, si no cómo van a saber los demás lo que sientes. **Verdad**: Si vas diciendo a la gente lo enfadado que estás, es probable que empiecen a comportarse contigo de determinada manera para no desencadenar tu ira. Así que, por un lado, haces que la gente te tema y, por otro, que ese miedo les lleve finalmente a «evitarte», o a preguntarse «¿Qué puedo hacer para despertar su ira?», intentando ejercer poder sobre ti.

5 Creencia viral: Son «ellos» los que me hacen enfadar. **Verdad**: Nadie te hace enfadar nunca. Todos somos responsables al 100% de nuestro estado emocional (véase mi libro anterior *Transformar la ira en calma interior. Claves para recuperar tu equilibrio emocional.*).

6 Creencia viral: «Necesito» enfadarme de vez en cuando porque ello me impulsa a actuar. **Verdad**: La ira no es una necesidad, es una pérdida de conciencia que lleva a una pérdida del autocontrol. Si hay una necesidad es la de permanecer en calma. Solamente entonces puedes conectarte con los demás y comprender sus necesidades. Solamente entonces puedes responder de manera proactiva y no reactiva. Si utilizas la ira para motivar a tu yo, como resultado de ello 1) sufrirás dependencia/adicción emocional, b) tenderás a buscar conscientemente motivos para sentirte ofendido, c) sentirás una infelicidad continua.

7 Creencia viral: La ira es una forma de hacer las cosas, es una forma de motivar a los demás (eso dicen el padre/jefe despreocupados). **Verdad**: Sí, hacer de padre o de jefe de forma despreocupada se basa en utilizar la ira para provocar miedo en los demás. Es posible que consigas hacer lo que quieres pero a base de malograr tu propia felicidad y la armonía de la relación. Bastarán tiempo y energía para recobrar ambas cosas.

La cordura vuelve cuando **reconoces** que la enfermedad, esos momentos de locura, está matando cada vez más tu *joie de vivre*. También te das cuenta de que está saboteando tus relaciones, ya que la gente que te rodea levanta muros de defensa ante tus irritaciones, frustraciones y enfados. Pero la liberación de esta enfermedad llega en el momento en que **comprendes** que la gente y los acontecimientos no han sido concebidos para bailar a tu son. No están aquí para hacerte feliz o infeliz. Eso es trabajo tuyo.

Cuando **comprendas** realmente que solo tienes dominio sobre tu propio mundo interior, tu propia conciencia, dentro de ti, podrás liberarte de querer controlar lo incontrolable. Habrás recuperado el poder interno de generar tu felicidad, tu alegría, tu ligereza, desde dentro. Después de todo, la felicidad es un «trabajo interior». Tu **transformación** será completa cuando nadie, ningún acontecimiento o circunstancia, sea local o globalmente, pueda «desencadenar» en ti de nuevo la ira. Irás saltando y bailando por la vida, metafóricamente hablando, reanimado al comprender una verdad importante: ser feliz, conocer el amor y estar en paz son todos los estados del ser que puedes crear en cualquier momento sin ayuda de nadie ni del mundo.

Reflexiones para tu diario

Reconocimiento: ¿Cuáles son las tres últimas ocasiones en que padeciste esa enfermedad de locura temporal conocida como *ira*?

Comprensión: ¿Qué era lo que intentabas cambiar que te resultaba imposible de cambiar y que te llevó a la irritación, frustración o ira absoluta en cada una de estas situaciones?

Transformación: Imagínate que estás en las mismas situaciones otra vez y no reaccionas con ira sino respondiendo con tranquilidad y de manera racional. ¿Qué crees que te ha permitido comportarte de manera distinta en estas situaciones concretas?

6

«No me merezco tanta amabilidad»

La enfermedad de la DIABETES

Sí, existe una enfermedad que podríamos denominar «diabetes del alma» —al menos sí en este libro. En algún momento de nuestras vidas ha habido alguien que ha dicho o hecho algo amable y generoso por nosotros sin motivo aparente: y puede que nosotros hayamos dicho: «Eres un amor, muchas gracias». En esos momentos, nosotros mismos hemos cambiado la vibración de nuestra conciencia hacia nuestra propia versión de un momento de gratitud profunda, por la que recibimos a cambio un gesto de gentil amabilidad. Aunque no nos hayamos dado cuenta en el momento, esa «dulce vibración» que hemos creado en nuestro yo hacia los demás también ha infundido energía a todo nuestro ser. En ese momento nos volvemos más tiernos, amables, dulces hacia... ¡todo el mundo! Por lo menos durante unos instantes.

Incluso puede que nos hayamos dado cuenta de que, al haber sido dulces y delicados en respuesta a la dulzura de otra persona, incluso «tenemos» más amabilidad por ofrecer. Y quizás surja el pensamiento: «¿Por qué no puedo sentirme así más a menudo?».

De todos es sabido que la dolencia física que conocemos como diabetes se produce cuando nuestro cuerpo no logra generar el proceso químico que descompone los alimentos que ingerimos, sobre todo azúcares, y luego transportar la energía de estos azúcares a las células del cuerpo, infundiéndole energías renovadas.

Ocurre exactamente lo mismo a nivel espiritual, en la conciencia, cuando sufrimos la versión del alma de la enfermedad de la diabetes. Entre los síntomas principales hay un sentimiento de encogimiento, a veces una especie de cerrazón amargada o tal vez un cinismo perceptivo hacia la presencia de la amabilidad o dulzura ajenas. Lo que indica nuestra incapacidad para ser abiertos y aceptar la amabilidad, la generosidad y la dulzura del otro. Es como si no pudiéramos aceptarlo, descomponerlo y absorber la energía que acompaña al reconocimiento de que «son amables conmigo». Esto es lo que sabotea nuestra capacidad de generar la «dulzura recíproca» en forma de gratitud a cambio. Nuestro acto recíproco es lo que nos da energía, no su gesto de amabilidad o dulzura. Podríamos utilizar su gesto para alimentar nuestro ego, pero es nuestra capacidad de devolver el gesto, de generar y corresponder con una energía parecida, lo que nos da un impulso en el aspecto espiritual.

La incapacidad de corresponder se produce cuando empezamos a considerar a nuestro yo, ya sea consciente o inconscientemente, como si no mereciera la amabilidad o el amor de los demás. A veces hay algo que se interpone en el camino y normalmente es una de estas dos creencias virales: «No merezco su generosidad ni aprecio» y «Seguro que están siendo amables porque quieren algo de mí», lo que significa «No merezco esta energía tan amorosa, no soy digno del amor de los demás». En otras palabras, hemos creado y cargamos con una «imagen de nosotros mismos oscura y/o distorsionada» o bien hemos desarrollado el hábito de ser «cínicamente desconfiados» de las intenciones ajenas. Esto es lo que mata nuestra capacidad de asimilar y después corresponder a su amabilidad, su generosidad de espíritu, su dulzura, su amor.

Agotamiento espiritual

Quien es diabético espiritual extremo no puede aceptar el amor de los demás, lo cual significa también que ellos no pueden darse con amor. Después de todo, la aceptación es una de las primeras formas que tenemos de expresar nuestro amor, lo cual significa que son temporalmente incapaces de generar la dulzura del verdadero amor en su propia conciencia. Es como si el yo hubiera perdido su capacidad de estar en su estado más elevado, que es el amor en sí mismo. La energía o la vibración del amor están entonces agotadas. El resultado, parecido al agotamiento del diabético físico, es una desesperanza interior, una desesperanza creciente y sin duda la ausencia de entusiasmo real por la vida en general o sobre todo de estar con los demás. Cuando perdemos la capacidad de estar en modo amoroso, nos cuesta, y a veces nos resulta imposible, «dar» a cambio de la energía amorosa del otro. Como resultado, al final acaba por instalarse el agotamiento espiritual.

No sirve de mucho que empieces a intentar «amar a tu yo». Mucha gente piensa que esto remediará un sentimiento de falta de amor en su vida. Pero no funcionará, porque es imposible amar al propio yo. Decir, o incluso simplemente pensar, «quiero a mi yo» implica un sujeto y un objeto, y no hay dos yos. Por eso, «intentar» amar al propio yo provoca otro tipo de enfermedad llamada *fragmentación*. El «yo» solo conoce el amor cuando tiene intención de dar, expandirse y conectar con los demás o con el mundo natural. El amor es la energía del alma, del yo, cuando se entrega sin la idea de adquirir algo para el yo. Intentar amarse a uno mismo no solo es imposible sino que además tiene una motivación egoísta.

Pensar «Necesito amar a mi yo» significa en realidad «Necesito obtener amor para mí de mi yo», lo que es casi, bueno... un poco ridículo. No hay un «yo» (*I*) separado del «yo» (*self*). Pero seguir intentándolo no hará ningún daño; al menos centraremos nuestra atención en el amor y en ofrecer cariño.

Olas y océanos

El amor es simplemente una palabra que utilizamos para describir la vibración más elevada de la energía del yo. No quiere decir esto que no recibamos y sintamos amor de los demás. Pero es la diferencia que hay entre la ola y el océano. Recibiremos olas de energía amorosa de los demás. Pero después pasan, como debe ser, como ocurre con las olas. La ola no es nada en comparación con un océano, con una fuente ilimitada. Hay una fuente ilimitada de amor dentro de nuestros corazones. No en el corazón de nuestro cuerpo, en el corazón de nuestra alma. Tú eres tu corazón, tú eres el alma. Puede parecer que las palabras son diferentes, pero en última instancia todas ellas, es decir, *alma, corazón, yo, conciencia* apuntan al mismo «yo» que dice «yo soy». Esta fuente interior ilimitada podría compararse con un océano. Las olas vienen y van, pero el océano de este potencial amoroso está siempre a solo un segundo y muy cerca de tu yo. Estás en él. Pero solo puedes ser consciente de ser «él», solo puedes ser consciente de ser una fuente de amor, cuando se acaba el «querer» olas de amor de los demás.

La clave para utilizar nuestra fuente interior, nuestro océano si quieres llamarlo así, es la intención. Solamente la intención exacta que hay tras nuestras palabras y acciones nos permite recurrir a nuestro propio océano interior. Cuando lo hacemos, cuando damos sin condiciones, puede que nos sintamos «oceánicos», que es el sentimiento de tener un suministro de energía ilimitado para dar. Sentir esta fuente ilimitada como fluye desde nuestro interior nos aporta una felicidad que a veces llamamos *dicha*. De aquí la definición más sencilla de la vida, en seis palabras: paz es... amor hace... felicidad recompensa.

Recibir es dar

Pero no es tan fácil en un mundo en el cual aprendemos a creer que necesitamos encontrar amor, obtener amor, ganar amor, ser amados, antes de poder conocer el amor. Todas estas ideas son «creencias virales» que en última instancia provocarán la «diabetes del alma», que es la incapacidad de convertir los gestos de amor de los demás en la dulzura que nos aportará la energía necesaria para poder corresponder con la dulzura de nuestro propio amor.

Aceptar el amor de los demás es un acto de amor en sí mismo porque les estás «dando» la oportunidad, la ventana, a través de la cual pueden verter su amor. Es entonces cuando se dan cuenta de su propia dulzura. Solamente en un estado de amor verdadero, recibir pasa a ser un acto de dar. Pero tendemos a sabotear ese estado con la «creencia viral» de que no podemos, no deberíamos, no debemos esperar a recibir sino que tenemos que ir y cogerlo nosotros. En definitiva, «queremos».

En pocas palabras, este es el motivo por el cual la mayoría de personas del planeta sufren actualmente la enfermedad conocida como *diabetes del alma*: algunos solo durante un espacio de tiempo y otros casi todo el tiempo, y seguramente muchos de nosotros la mayoría del tiempo.

De la cabeza al corazón

Los regímenes especiales y algunos medicamentos ayudan a los diabéticos a controlar la diabetes. La buena compañía y desintoxicar nuestra conciencia de todos los «medicamentos intangibles» (véase la enfermedad n.º 1) que son nuestras dependencias pueden ayudar al alma en lo que podríamos llamar *diabetes espiritual*.

Rodeado de compañía que ofrezca un amor incondicional, el «diabético espiritual» vuelve poco a poco a aprender cómo aceptar el amor de los demás, que es lo mismo que aprender a cómo ser amor ellos mismos. Eso les ayuda a avanzar en el momento en que son capaces de recuperar la capacidad de corresponder desde el corazón y no desde la cabeza. Dicho de otro modo: dar amor, ser amoroso y manifestarlo.

Sin embargo, tendremos que dejar los medicamentos que utilizamos como sustitutos del amor. Esos sustitutos son nuestras dependencias. Sea lo que sea de lo que dependemos para tratar lo que sentimos y cómo lo sentimos es una medicina que utilizamos para mitigar nuestra incapacidad temporal de ser amorosos y estar llenos de amor. Tómate un instante y escribe todas las cosas de las que dependes, tanto en el plano físico como en el mental, y empezarás a ver cuáles son tus «sustitutos». ¿Con qué crees que no podrías vivir actualmente? A continuación imagínate viviendo sin todas esas dependencias y cuando lo hagas estarás ensayando tu libertad, te estarás preparando para volver al estado natural del ser: amoroso. Te estarás preparando para el momento en el que seas libre, abierto y transparente, y estés disponible y dando... ¡otra vez! Sin desear, querer, esperar, ansiar o atraer nada a cambio.

La cura para la enfermedad espiritual de la diabetes será prácticamente completa cuando **comprendas** del todo que el amor es en definitiva lo que tú eres cuando «tu energía» irradia al máximo nivel. Es para eso para lo que estás aquí. El amor es lo que es el «yo» que dice «yo soy», en su más elevado estado del ser. Cuando comprendes eso, finaliza «la búsqueda» del amor. El corazón sana y la **transformación** es prácticamente completa.

Tal vez te des cuenta de que cuando eres auténticamente amoroso hacia los demás, estás llenando el objetivo principal de la propia vida. En esos momentos, la energía del alma, el yo, se ve completamente revitalizada y el agotamiento, la impotencia, la desesperanza y la apatía pasan a ser recuerdos que se esfuman y conceptos muy extraños.

Al fin y al cabo no puedes «fabricar» un gesto auténticamente amoroso. Solo es «real» cuando es espontáneo y natural. A la espera de un gesto así, a nadie le hace daño fabricar un poquito... Como mínimo, nos despierta a un nivel más profundo de reconocimiento de uno mismo al analizar y comprender la forma que tenemos de bloquear nuestro propio corazón.

Reflexiones para tu diario

Reconocimiento: ¿Desde qué dos personas, en tu vida actual, te parece especialmente difícil recibir amor, sea cual sea su forma: dulzura, amabilidad, cariño, etc.?

Comprensión: ¿Por qué crees que no puedes recibir su amor y corresponderles con el tuyo?

Transformación: Visualiza tu yo intentando dar, y dando realmente, a cada persona algún tipo de bondad, sin desear absolutamente nada a cambio. (Si en este punto te surge alguna pregunta del estilo de «¿Para qué?», entonces es que no lo has entendido.) A continuación, date la oportunidad de poner todo eso en marcha.

7

«He hecho algo mal, así que soy una mala persona»

La enfermedad de estar INCAPACITADO

Hay una enfermedad en la conciencia que nos hace sentir como si estuviéramos mental y emocionalmente INCAPACITADOS. El síntoma principal es la CULPA. La «creencia viral» recurrente, que puede llegar a quedarse con nosotros toda la vida es «He hecho algo mal, entonces soy una mala persona.».

Cuando reconozcas que te sientes culpable, observa directamente lo que estás sintiendo y verás que hay una matriz de emociones. La culpa es una mezcla de tristeza, ira y temor. ¡Tres en una! Entonces surgen pensamientos, que muchos de nosotros conocemos muy bien, como «Lo he fastidiado otra vez», «Nunca me perdonarán por esto», «¿Cómo puedo haberlo hecho tan mal?». Aunque todavía podemos hablar e interactuar, es como si estuviéramos atrofiados, bloqueados, momentáneamente incapacitados. Es difícil mirar a los ojos al otro. Inclinamos la cabeza, bajando la vista y esquivando la mirada. Se nos ha agotado el entusiasmo.

En esos momentos no tenemos realmente ganas de pensar de dónde viene nuestra culpa o cómo y por qué la hemos provocado. Sin embargo, comprender la verdad sobre la culpa es uno de los procesos más liberadores y sanadores. Pero es profundo.

Sobre la conciencia

En general se reconoce que todo ser humano, independientemente de su situación o sus orígenes, tiene una conciencia que le hace de guía interna. Lo que ocurre es que, al parecer, unos tienen más capacidad para escucharla y guiarse por ella que otros. La conciencia es esa capacidad innata que nos permite darnos cuenta, sentir y saber exactamente lo que hay que hacer y lo que no. Yo utilizo los términos *exacto/inexacto* y evito deliberadamente los de *correcto* e *incorrecto*; enseguida verás por qué.

La conciencia aparece prácticamente en todas las filosofías religiosas, caminos de sabiduría y enseñanzas espirituales. En general se reconoce como el aspecto de la «conciencia» que constituye nuestra fuente de bondad, nuestras intenciones virtuosas, nuestro timón interior. Hace que nos mantengamos en el camino correcto, es decir, que «seamos honestos con nuestro yo» o, para ser más exactos, «seamos nuestro yo verdadero». No hablamos de la verdad en un sentido objetivo, prescriptivo y absolutista, sino en un sentido subjetivo, en el cual estamos viviendo nuestra vida momento a momento desde la conciencia precisa de nuestro ser como espíritu y no como forma. Cuando nos guiamos por nuestra conciencia, estamos alineados con nuestra verdad, que en realidad es nuestra «naturaleza verdadera» o nuestra «condición de verdaderos». Somos abiertos, transparentes y cariñosos, no estamos apegados a nada ni a nadie, y por tanto no cambiaremos nuestras decisiones por causa de la tristeza, el temor o la ira. Sin embargo, ahora no conocemos a nuestro yo, puesto que hemos aprendido a identificarlo con lo que no somos, así que estamos poniendo en peligro nuestra verdadera naturaleza, es decir, nuestra «condición de verdaderos». El apego y la identificación errónea provocan el ruido de la emoción y, por consiguiente, es más difícil escuchar nuestra conciencia y seguirla.

Los orígenes de la culpa

Aunque empleamos el término *conciencia* de formas distintas, su uso más común tiende a estar relacionado con lo correcto y lo incorrecto. Cuando escuchamos nuestra conciencia y ella nos guía se dice que estamos haciendo «lo correcto», mientras que «lo incorrecto» sería cualquier acción o decisión que va contra la conciencia. A menudo nos referimos a alguien que vive su vida con mucha honestidad e integridad como una persona que «tiene la conciencia tranquila». Y todos hemos oído hablar del «objetor de conciencia», una persona que se niega a seguir ciegamente a los demás hacia la guerra o la violencia, aduciendo que la guerra es un acto contra la naturaleza «verdadera» de la humanidad.

El empleo más común del término es cuando decimos que tenemos «conciencia —o sentimiento— de culpabilidad». Todos conocemos ese momento de culpa cuando nuestra conciencia nos «golpea» y pensamos para nuestro yo: «No he hecho lo correcto». Pero, en realidad, la conciencia no puede ser nunca culpable, y ciertamente no genera sentimiento de culpa. Es el ego el que lo hace. El ego es el que entretiene y fomenta los juicios sobre qué es correcto y qué incorrecto. Es el ego el que se apropia de nuestra conciencia casi todos los días de nuestra vida, alimentando las ilusiones de lo que es correcto e incorrecto, bueno y malo. He aquí por qué.

La culpa empieza pronto

Cuando éramos jóvenes e inocentes aprendimos a depender de la aprobación de los demás en relación con la idea que teníamos de nuestro yo y cómo nos sentíamos respecto a él. Las principales fuentes de aprobación eran normalmente figuras autoritarias como los padres y los profesores. Cuando hacíamos algo «correcto» recibíamos elogios por «ser buenos», sintiendo al mismo tiempo una oleada de cálida energía aprobadora que confundíamos con amor. Pero entonces, solo unos instantes después, cuando hacíamos algo «incorrecto» nos tildaban de «malos», y entonces se nos negaba esta ola de cálida energía de la que nos habíamos hecho ligeramente dependientes. Durante esos momentos de la infancia en los que nos estábamos formando como personas aprendimos a «creer» en las ideas que tenían los demás sobre «correcto e incorrecto» y a asociarlas con «Soy bueno» o «Soy malo». Aprendimos que a veces éramos «malas personas» y otras, «buenas personas». Entonces, cuando se consideraba que habíamos hecho algo incorrecto y por lo tanto malo, se nos incitaba a generar sentimientos de culpabilidad como una especie de castigo y, en consecuencia, medida correctiva. Sobre todo porque ello permitía a los mayores mantener su ilusión de que nos tenían a nosotros y nuestro estado emocional bajo su control.

Las emociones de la culpa

La dinámica por la que generamos culpa es muy reveladora. Si te tomaras un momento para observar la culpa desde tu propia experiencia, te habrías dado cuenta de la matriz de estas tres emociones: tristeza, ira y miedo. Igual que todas las emociones, no las crean los demás sino uno mismo. Como ya hemos visto antes, la tristeza siempre va seguida de un sentimiento de pérdida. La ira es la proyección de nuestro sufrimiento en forma de culpa. Y el miedo es miedo a la repetición futura de dicha pérdida o a ser descubierto (pérdida futura de prestigio/aprobación).

Así que vamos a relacionar este patrón emocional con las ideas de bueno y malo/correcto e incorrecto. De niños aprendimos a «oscilar» entre las imágenes que teníamos de nosotros mismos como «buena persona» o «mala persona», dependiendo de los juicios de esas «personas grandes» a quienes creíamos inocentemente por aquel entonces. Cuando nos decían que éramos buenos, les creíamos y creábamos la idea/imagen mental de que nuestro yo era bueno. De modo parecido, cuando nos decían que éramos malos creábamos en nuestra mente la imagen sutil de ser mala persona. Así que cuando alguien nos juzga de forma negativa, también cuando nosotros juzgamos a nuestro yo de forma negativa, tenemos tendencia a reforzar la imagen de «mala persona» que podemos tener de nosotros mismos. Es como si esa imagen que tiene uno mismo de «Soy una buena persona», que es la que lógicamente preferimos porque había llegado como una ola de lo que pensábamos que era amor, se hubiera perdido; de ahí el «componente de tristeza» que contiene la culpa.

En la vida en general, la ira suele estar dirigida hacia los demás, pero el «componente de ira» en la culpa suele ir dirigido sobre todo hacia nuestro yo por lo que percibimos como una pérdida autoinfligida de la propia imagen de «Soy una buena persona». El «componente de miedo» de la culpa está principalmente basado en la posibilidad de que los demás descubran lo que hemos hecho mal y, por lo tanto, perdamos nuestro prestigio ante ellos o bien su aprobación.

Todo esto tiene que ver con el juego del ego, simplemente porque todo ego está basado en una «identidad de uno mismo equivocada». En el caso de la culpa, la identidad de uno mismo está basada en la imagen de «ser buenos» y, cuando contradecimos esta imagen con un «mal comportamiento» o incluso con malos pensamientos, creamos sentimientos de culpa, una combinación de las emociones de tristeza/ira/miedo en nuestro yo. Sentirse culpable es sentirse sin autoridad y mostrar que te sientes sin autoridad. Cuando otra persona, casi siempre el padre o el jefe, se da cuenta de ello, suele aprender a pulsar el botón correcto para provocar ese sentimiento en ti. Entonces, cuando reaccionas con «culpabilidad», por llamarlo de alguna manera, él cree saber cómo puede ejercer su poder sobre ti.

Una vez más, la verdad puede hacerte libre

«En verdad» ni las imágenes de «ser bueno» o «ser malo» son la verdadera imagen/idea del propio yo, simplemente porque «el yo» no puede ser nunca una imagen/idea. La «bondad» a la que a menudo nos referimos como conciencia, o verdadera naturaleza innata, de cada ser humano no tiene opuesto. Solamente hay «grados de alineación» o desalineación con la «condición de verdadero» inherente a nuestra naturaleza. En realidad, el verdadero yo es «anterior a» cualquier imagen mental y a todas ellas, por tanto anterior a las «ideas» de bien y mal, y por tanto anterior a los juicios de «correcto» e «incorrecto». El verdadero yo no tiene imagen y no es una idea, y va más allá de la dualidad de todos los conceptos.

He aquí el punto en que las cosas toman un cariz algo delicado y sutil. En el universo de la conciencia no existe lo correcto y lo incorrecto. Este matiz resulta difícil de ver porque hemos estado muy condicionados a «creer» en lo correcto y lo incorrecto. Es como si hubiéramos sido programados para juzgar a los demás y nuestras propias acciones como correctas o incorrectas, y por lo tanto, buenas o malas. Pero las ideas de correcto e incorrecto son simplemente funciones de «dualidad», que es una condición del mundo material exterior. La propia conciencia es anterior a esta dualidad. No hay opuestos en la conciencia. Y la conciencia es lo que somos.

Una advertencia para no perder la alineación

Nuestra «conciencia» es, por tanto, nuestro reconocimiento innato de lo que es verdad, lo que en el contexto de nuestro yo significa ser nuestro «verdadero yo». No la verdad en un sentido absoluto y definible desde la perspectiva filosófica, sino la verdad en el sentido de que siempre hay una brújula apuntando al «verdadero norte», sin importar en qué parte del mundo esté. Nuestra «condición de verdaderos» es nuestra verdadera naturaleza: pacífica, amorosa y alegre. La conciencia es nuestra brújula y siempre apunta hacia nuestro verdadero norte. Su función consiste en avisarnos y mostrarnos cuándo hemos creado pensamiento y acción fuera de la alineación con nuestra «condición de verdaderos», fuera de la alineación con nuestra verdadera naturaleza, que es pacífica, amorosa y alegre. Desgraciadamente, influidos por las creencias virales que aquí mencionamos, adquirimos el hábito de ignorar sus advertencias e incluso anularlas.

Desde una perspectiva puramente espiritual, la conciencia es el estado de la energía del yo, que es verdadero, inmutable y eterno. Es ese «núcleo tranquilo» de nuestro ser que no ha sido tocado por nada. En cuanto utilizamos nuestra energía de una forma que contradice o perturba esta vibración, la conciencia nos envía un mensaje sutil, que podemos escuchar y dejar que vuelva a guiarnos hacia la alineación o bien ignorarlo y eliminarlo. Igual que el carpintero que trabaja contra la naturaleza de la madera, en seguida nos damos cuenta de lo difícil que es modelarla y de cómo se hace más rugosa a consecuencia de ello. Cuando vamos contra la naturaleza de nuestra conciencia, cuando no seguimos su guía, cuando ignoramos su voz queda y el sutil sentimiento de que esta o aquella acción iban en contra de la naturaleza de nuestra verdad (vibración verdadera), recibimos una señal. Sentimos un momento de incomodidad.

Señales desde lo profundo

No hay ningún elemento opuesto a esta «condición de verdadero», a esta verdadera vibración en lo más profundo de nuestro ser, solo grados de desalineación, solo sombras de oscuridad que nublan nuestra capacidad de reconocer hacia dónde apunta la brújula de nuestra conciencia. A esa oscuridad se le suele llamar «deseos». Un deseo intenso pondrá a menudo en peligro nuestro yo, es decir, ignorará esos avisos de la conciencia que nos guían. Por ejemplo, desear alguna forma de placer personal y físico podría entorpecer la señal interior que nos lleva a dedicar tiempo y atención a ayudar a alguien que lo necesita. Desde lo más profundo puede surgir un sentimiento sutil procedente de nuestra conciencia que nos indique que deberíamos revisar nuestra decisión.

Las señales de nuestra conciencia también están distorsionadas por nuestras emociones. Todos sabemos que cuando nos mostramos emotivos, sea de la manera que sea, es más difícil oír y guiarnos por nuestra conciencia, por la vibración verdadera asociada a la conciencia de nuestra existencia propia. Solemos ignorar estas señales que nos invitan a experimentar alguna emoción agradable que, sin haberlo comprendido nosotros aún, es un tipo de enfermedad. Por ejemplo, buscar la excitación, con la creencia de que es felicidad, sabotea nuestra capacidad de decidirnos por utilizar el tiempo de un modo más sabio o creativo, ya que preferimos buscar una excitación rápida. Desde dentro de la conciencia, nuestro sentido de la existencia llamará la atención de nuestra impaciencia y tal vez de nuestro egoísmo indicando que no están alineados con nuestra naturaleza verdadera, que es amorosa, es decir, desinteresada y paciente. Si continuamos con nuestro análisis interno de hacia dónde apuntan los avisos de la conciencia, puede que también nos demos cuenta de un error básico: estamos confundiendo excitación con felicidad. En realidad, la excitación es simplemente estimulación.

Cómo se ignora la conciencia

En el mundo «de ahí fuera» (en la sociedad), robar se considera incorrecto y, por lo tanto, malo. La sociedad debe considerarlo así, de lo contrario se produciría un caos. Pero en el contexto del mundo «de aquí dentro», de dentro de nuestra conciencia, la intención de robar y codiciar no es incorrecta (en el sentido de opuesta a correcta). Es sencillamente un acto que no está alineado con nuestra verdad o nuestra naturaleza verdadera. Sabemos innatamente que si queremos mantener relaciones armónicas con los demás y con el mundo que nos rodea, robar no es una buena opción. Entonces, ¿cuál es «la verdad» en el caso de robar? ¿Cuál es la verdad «aquí dentro» cuando alguno de nosotros roba algo «de ahí fuera»? Perdemos temporalmente nuestra capacidad de escuchar y sentir esa voz interior que nos guía para actuar de manera «acertada», sin robar, porque estamos «distraídos».

¿Qué entendemos por «distraído»? Imagina que termina el día y te vas a la cama. Vas por toda la casa cerrándolo todo. Pasas por la cocina de camino a la habitación, pero ahí, en la mesa de la cocina, hay un plato y en el plato un trozo de tu pastel de chocolate preferido. Tu mente dice: «Ese plato tendría que estar limpio y colocado en el armario», lo que equivale a: «Me gustaría comerme ese pastel». Así que te paras y te comes el pastel, que por supuesto está riquísimo.

Lavas el plato y lo colocas en el armario. Pero cuando llegas al piso de arriba, una vocecita en tu cabeza susurra: «¿Y si ese pastel era para otra persona de la casa? Tal vez ha salido un momento y ahora estaba a punto de llegar para acabárselo».

Te distrajiste y no hiciste lo correcto (ir hacia la cama) por culpa del pastel y tu deseo de comer chocolate (estímulo placentero).

Distraídos por nuestras creencias

Cuando actuamos contra la conciencia de nuestro sentido de la existencia, contra nuestro reconocimiento innato de cuál sería la acción más verdadera, la acción correcta, siempre es porque tenemos nuestra conciencia distraída por la presencia de la «creencia». Nuestras creencias son el equivalente del pastel que nos encontramos de camino a la cama, ¡pero no están tan ricas! Normalmente hay tres motivos por los cuales la gente roba, tres creencias en su conciencia que les «distraen» y les llevan a optar por aquello que les alinea con su «condición de verdaderos»: a) creen que tener el objeto que codician en cierto modo les completará; b) creen que obtener lo que codician les hará felices; c) creen que pueden poseer el objeto. Todas estas creencias no son «verdaderas» en el universo del yo o la conciencia.

Lo que podríamos llamar «verdades espirituales», o simplemente «verdades», en este ejemplo son: a) estamos casi completos y esta completitud no la perderemos nunca, pero puede que perdamos temporalmente nuestro «reconocimiento» de ella; b) ningún objeto material puede darnos una felicidad auténtica, solo un estímulo temporal, porque la felicidad auténtica viene realmente de dentro; c) tal como hemos visto, al nivel de nuestra «conciencia» existe una verdad que nos recuerda que, en realidad, es imposible «poseer» nada.

No son perspectivas (verdades) fáciles de captar, ya que no se nos inculcan en nuestra educación de niños. Son verdades espirituales que viven calladamente dentro de nuestro ser. No como ideas intelectuales, sino como estados del ser que, si se ponen en peligro, llevarán a nuestra conciencia de nuestro sentido de la existencia a enviarnos una señal. Desgraciadamente, las «creencias» según las cuales adquirir cosas nos aporta completitud, felicidad, satisfacción, etc., se nos ofrecen como verdades a una edad muy temprana. De ahí nuestra confusión cuando obtenemos lo que queremos y seguimos sintiéndonos incompletos, todavía infelices y viviendo con el miedo de perder lo que erróneamente creemos que ahora poseemos.

Así pues, en realidad, cuando hablamos de robar no debemos oponer MAL/INCORRECTO a BIEN/CORRECTO; simplemente hemos perdido la capacidad de reconocer nuestra verdad (la naturaleza verdadera) y por lo tanto no nos estamos alineando con nuestra verdad (naturaleza verdadera). Si al final robamos, nuestra conciencia nos avisará. Pero no porque sea incorrecto o esté mal, sino porque está intentando recordarnos que estamos actuando sin estar alineados con nuestra naturaleza verdadera, y no porque lo diga la sociedad, sino porque estamos negando y suprimiendo la verdad de quiénes somos como seres completos, libres y satisfechos.

Nuestra conciencia de nuestro sentido de la existencia no nos está diciendo qué hemos «hecho mal», ni si «somos malos». Se trata precisamente de «creencias virales» ya aprendidas que se disparan. Nuestra conciencia nos está indicando que hemos caído en la «ilusión» de que somos incompletos, infelices y que estamos insatisfechos. Pero ignoramos, e incluso eliminamos, esta señal, este mensaje, del fondo de nuestro ser, especialmente si todo el mundo a nuestro alrededor también lo hace. Por desgracia, muchos han aprendido ahora a eliminar su conciencia y, distraídos por esas y muchas otras «creencias virales», están actuando sin alinearse con su «condición de verdaderos». Este es el motivo por el cual la sociedad se ve obligada a elaborar leyes con el fin de evitar que el robo se convierta en una actividad mayoritaria. Si todos nos guiáramos por nuestra conciencia (nuestra «condición de verdaderos»), no serían necesarias las leyes sociales.

En cierto modo, podría parecer que así damos permiso para obrar como se quiera, pero no es esta la inferencia clave aquí. Hay todavía muchas personas que lo hacen, a pesar de las leyes que pretenden definir lo correcto y lo incorrecto y, por tanto, lo bueno y lo malo. La inferencia aquí es que cada ser humano tiene una conciencia. Todo el mundo tiene una conciencia innata sobre cómo vivir y crear acciones que estén perfectamente alineadas con su naturaleza verdadera, que es amorosa y pacífica.

Momentos bombilla

Volvamos a la bombilla que ilumina una habitación. La habitación está llena de sensores. Si la luz de la bombilla fluctúa y se atenúa por debajo de cierta intensidad/brillo, los sensores se apagarán. La habitación es una metáfora de nuestra conciencia. La luz es lo que somos. Si algo, una creencia o un deseo, oscurece nuestra luz o la distorsiona y pone en peligro el brillo de nuestra verdadera naturaleza, que es pacífica y amorosa, nuestra conciencia nos enviará un mensaje, normalmente en forma de sentimiento. Nos estará diciendo que estamos pensando y actuando sin alinearnos con nuestra «condición de verdaderos». Las cortinas de la creencia, las distracciones del deseo, el apego a imágenes de nuestra mente, todos pueden atenuar el verdadero brillo de la luz de nuestra conciencia. Ocultan el corazón de nuestra conciencia, lo que llamamos «conciencia de nuestro sentido de la existencia». Pero cuando nos hallamos en este estado de brillo verdadero, cuando nada bloquea, distorsiona o distrae el resplandor de nuestra conciencia, no existe pensamiento alguno de hacer nada que no esté alineado con tal estado.

Volviendo a despertar la conciencia y el sentido de la existencia

En algunas culturas parece haber una nueva generación que está creciendo sin tener prácticamente idea de cómo vivir en armonía con los demás dentro de la sociedad, e incluso dentro de su propia familia.

Sus acciones parecen venir de un violento espacio interior, de tal manera que parecen no tener conciencia, ni una guía interior que les indique que están pensando y actuando «de manera incorrecta», que no están en armonía con todo lo que hay dentro de ellos y con todo lo que hay fuera de ellos. Muchos han considerado a estos jóvenes casos sin esperanza y, en algunos lugares, se ha desistido de seguir ayudándoles. Han sido irrevocablemente etiquetados como «malas personas» hasta el punto de emplear el término «salvaje» para describirlos. Por desgracia, cuando reciben esta etiqueta suelen aceptarla, se identifican con ella y viven conforme a ella.

Sin embargo, hay un número cada vez mayor de casos en los que estos jóvenes han sido redimidos, en los que su conciencia ha vuelto a la vida. Esto parece suceder únicamente cuando reciben una intensa orientación personal por parte de otra persona. El papel del guía es sencillo: darles una consideración y un respeto incondicionales como seres humanos, independientemente de su pasado, su comportamiento actual o sus intenciones de futuro. Poco a poco, pero con paso firme, con el tiempo —la luz eliminada, distorsionada y distraída de su conciencia, su «condición de verdaderos»— empieza a despertar de nuevo y a guiar sus pensamientos, decisiones y acciones.

No porque una fuerza externa les diga lo que es correcto e incorrecto, ni porque aprendan a creer en lo bueno por encima de lo malo, sino comprendiendo gradualmente cómo alinear su vida con su propia «luz interior». Recuperan su capacidad de vivir con honradez e integridad, y por lo tanto, se integran con armonía en el contexto de sus relaciones. Su verdadera naturaleza, su «condición de verdaderos», está redimida. Es un buen ejemplo de cómo la verdadera naturaleza de la conciencia humana siempre existe «antes» y por debajo de las muchas capas de creencias, imágenes negativas de uno mismo y recuerdos de experiencias dolorosas que pueden suprimir la luz de nuestra «condición de verdaderos».

Ser guiados por nuestra verdad

Así pues, todo apunta a que la «guía de la verdad» de la conciencia humana que conocemos como «sentido de la existencia» no muere nunca, pero sus consejos sí que se ignoran, eliminan, distraen o distorsionan. Para muchos esto es algo difícil de ver y aceptar. Tienen un apego muy profundo a la creencia, especialmente fuerte, de que los seres humanos pueden ser innata y naturalmente malos, viles y malévolos sin posibilidad de redención. Cada uno de nosotros debe decidir por su yo. Es una decisión clave, ya que afectará de manera significativa a nuestra visión de «el otro» y, por lo tanto, a nuestras relaciones con los demás.

Pero si es cierto que todas las personas tienen una luz innata de verdad en su interior, entonces es que no hay gente mala, solo inconsciente, olvidadiza, perdida, cuya conciencia se ha desconectado temporalmente, cuya luz se ha atenuado temporalmente. Esta comprensión nos libera de juzgar, etiquetar y condenar a los demás con la etiqueta de «eres una mala persona». Nos ayuda a liberarnos de nuestra imagen de nosotros mismos autoimpuesta basada en la etiqueta de «soy una mala persona». En última instancia nos libera de esa matriz emocional debilitante que conocemos como «culpa». Incluso podría ayudarnos a impulsarnos hacia un estado más iluminado en el que una de las primeras cosas que se comprenden es que, «en realidad», no hay seres humanos malos.

Pero no es tan fácil si seguimos recurriendo al modelo y glamur de Hollywood y Bollywood para caracterizar como nuestros héroes a los personajes humanos, con una conciencia eliminada y distorsionada. Después de toda una vida condicionando y cultivando el hábito mental de juzgar, tras años de exposición a los juicios de los demás, después de absorber tantas percepciones en los medios de comunicación de que muchas personas son simple y llanamente malas e incorregibles, tras toda una vida de pensamiento condicionado sobre lo que es «bueno» y «malo», seguir reconociendo que no hay gente mala no es un «espacio interior» tan fácil para estar y vivir. Aunque, nuevamente, tal vez es eso lo que espera el mundo precisamente.

Y finalmente, material para una futura conversación de café

Una vez que **reconocemos** la presencia de la culpa, la sanación de esta enfermedad incapacitante del alma solo será posible cuando **comprendamos** que «Yo no soy ni bueno ni malo, ni obro correcta ni incorrectamente... ¡nunca!». Estamos despiertos y conscientes al nivel más profundo de nuestro ser, donde no existe bien/mal ni correcto/incorrecto, sino simplemente nuestro estado verdadero, nuestra «condición de verdaderos». ¡O quizás... no lo estemos! ¡Piensa en ello y debátelo!

Reflexiones para tu diario

Reconocimiento: Tómate un instante y piensa en las dos últimas ocasiones en las que te has sentido culpable de algo. Anota los pensamientos que tuviste entonces.

Comprensión: Expresa la creencia que hay tras esos pensamientos. ¿Cuál sería la verdad subyacente que te liberaría?

Transformación: ¿Qué harías o dirías, desde esa misma verdad, en nuevas situaciones parecidas a aquellas y con la misma gente?

8

«¡Vaya, otra vez ellos!»

La enfermedad de la ALERGIA

Hay una enfermedad de la conciencia conocida como ALERGIA. Suele producirse cuando, en alguna de nuestras relaciones, no nos llevamos bien con el otro, ya sea por un choque de personalidades o por lo que parece ser una aversión instantánea e inexplicable. El síntoma principal es una fuerte REACCIÓN DE RESISTENCIA hacia la otra persona. A veces parece no haber un motivo claro por algo que normalmente es mutuo. En otros momentos, sabemos exactamente por qué nos enojamos en «su» presencia. Las «creencias virales» no son tan fáciles de detectar, aunque una de ellas dice algo así como «Nunca me llevaré bien con ellos». Tal vez esta sea la versión suave. Y hay otras creencias y pensamientos del estilo, como por ejemplo «Me irritan», que normalmente significa «No deberían ser como son, deberían ser más como... ¡yo!».

De lo que no nos damos cuenta es de que normalmente reflejan algo en nuestro yo que no podemos o no queremos ver ni reconocer. Aunque digamos que no nos sentimos amenazados por ellos, inconscientemente lo hacemos. Aunque tratemos de disfrazar nuestra incomodidad en su presencia, al final nos retorcemos en una especie de agonía emocionalmente reprimida. Si nuestra conciencia pudiera salir talmente como lo hace una erupción, ¡en esos momentos estaríamos rascándonos como idiotas! Queremos que se vayan, y sin embargo, como cualquier urticaria, cuanto más nos rascamos más nos pica. En términos relacionales, eso significa que cuanto más nos resistimos a ellos, más frecuentemente «parecen» surgir y más fuerte es nuestra resistencia y reacción ante ellas.

¡Viva la diferencia!

Es esta una de las enfermedades del alma más difíciles de curar. Y es que tenemos tantas «creencias virales» sutiles sobre los demás, tanto conscientes como inconscientes. Al final, nuestro corazón y nuestra mente deberán cambiar y pasar de la resistencia a la aceptación si queremos liberar el yo de nuestros malestares emocionales en torno a «ellos». A eso ayuda, pero sin curar, la comprensión de una verdad básica, la de que cualquier ser humano es único y diferente y, por lo tanto, cada uno de nosotros tiene que crear inevitablemente una personalidad distinta.

Si podemos reconocer, celebrar y apreciar nuestro propio carácter único, es más fácil aceptar y apreciar a los demás, en lugar de ofendernos por cómo son. Si podemos valorar y apreciar la variedad, no solamente en una caja de bombones sino también en cualquier relación humana, tal vez podamos crecer e ir más allá del sentimiento que implica tener que «tolerarlos», y entrar en una sentida celebración de su presencia en nuestras vidas.

Entretanto, resultará útil profundizar en los motivos que nos llevan a ser alérgicos a algunas personas y no a otras. ¿Por qué algunas personas nos provocan más picor que otras?

La relación tiene un trasfondo

A veces hay un trasfondo en nuestra relación difícil y alérgica con una persona. Suele tener que ver con momentos en los que creemos que esa persona ha dicho o hecho algo que ha herido nuestros sentimientos, lo que normalmente despierta en nosotros el miedo a que vuelva a ocurrir. Así, nuestro yo se siente «muy inquieto» en su compañía. Solo al comprender que nadie hiere nunca nuestros sentimientos y que somos nosotros los que provocamos nuestro sufrimiento emocional, podemos liberarnos lo bastante como para relajarnos en la relación.

Un molesto recordatorio

A veces una persona nos recuerda a alguien que conocimos en el pasado y que nos hizo daño. La persona a la que actualmente somos muy alérgicos está pulsando, sin saberlo, un botón de nuestro inconsciente que reactiva el recuerdo de dicho sufrimiento. Eso es lo que hace que nos resistamos a esta persona, la evitemos e incluso proyectemos en ella la culpa de otras desgracias actuales de nuestra vida. Una vez más, comprender la verdad de que somos responsables de nosotros mismos, de que cualquier sufrimiento mental o emocional del pasado nos lo inventamos nosotros mismos, nos permitirá empezar a sentirnos libres y tener la fuerza suficiente para no resistirnos o reaccionar ante dicha persona.

Celos conscientes o inconscientes

A veces chocamos con alguien porque hay algo en su personalidad que pensamos que deberíamos tener. Tras nuestro comportamiento hay unos celos que están envenenando la relación. Aunque logremos disfrazarlo con habilidad, aunque nosotros no lo veamos con claridad, lo cierto es que hay unos celos sutiles que distorsionan nuestra capacidad de aceptar que el otro tiene una cualidad, tal vez una presencia o una capacidad única, que podemos apreciar y de la que no debemos tener envidia. Nuestra incapacidad de dar aprecio a otra persona es señal inequívoca de que todavía no hemos comprendido una de las verdades más poderosas de las relaciones humanas. Cuando «aprecias» una virtud o atributo del carácter de los demás, empiezas a alimentar y hacer crecer esa misma virtud o atributo en tu propio carácter.

Espejito, espejito mágico, ¿quién no es la más bella del reino?

A veces alguien es simplemente un poderoso espejo de algún rasgo o tendencia nada agradable que hemos desarrollado, pero no queremos verlo ni reconocerlo. Nuestra manera de evitarlo es atacar al otro con algunas creencias no muy atractivas sobre «él». Cuando pensamos o decimos algo sobre esa persona, no nos damos cuenta de nuestra contradicción e hipocresía. No queremos enfrentarnos a ello. Decimos: «No debería estar criticando todo el tiempo», cuando sin darnos cuenta somos justo nosotros los que estamos criticándola casi todo el tiempo.

El cargo y no la persona

A veces, sobre todo en el trabajo, nos encontramos con que somos alérgicos a alguien que está jerárquicamente por encima de nosotros. Normalmente eso quiere decir que la relación la tenemos con el cargo y no con la persona que lo detenta. Vemos a esta persona como su cargo, lo que significa que nos vemos a nosotros como un cargo en relación con ella. Y eso no es verdad. Nadie es un cargo. La situación no se resolverá hasta que empecemos a apreciar al otro como un ser humano y dejemos de verlo como alguien que tiene poder sobre nosotros por su cargo. Entonces empezarán a desaparecer la animosidad y el resentimiento, que son normalmente subyacentes a nuestras reacciones alérgicas.

No es difícil señalar los síntomas de esta enfermedad del alma, que puede compararse con una especie de alergia. Notarás estos síntomas cuando **reconozcas** tu resistencia al otro, lo cual puede adoptar la forma de una reacción emocional, un rechazo mental inmediato u otras formas más sutiles con las que solemos evitarle.

Pueden existir muchas formas de comprensión que indiquen la cura de tu alergia hacia una persona o hacia todas aquellas que has rehuido anteriormente. Tal vez la primera sea la percepción sobre la naturaleza de ese intercambio energético que es la relación. Es esta una **comprensión** que allana el camino hacia la capacidad no solo de dar la bienvenida a aquellos a los que te has resistido, sino también de celebrar su presencia en tu vida. Y se expresa así: «No es lo que digas o hagas lo que me hace sentir de este modo, es lo que hago yo con lo que dices o haces lo que me hace sentir así». Es comprender que lo que nos está molestando es la manera de crear al otro en nuestra conciencia; no es la manera de ser de la persona en sí. Este es el requisito previo para alcanzar la verdad liberadora según la cual nuestra alergia no solamente puede corregirse, sino que además su curación es una **transformación** que, para algunos, puede hacer finalmente que la vida valga la pena... de nuevo.

Comprender la dinámica del proceso nos permite tener hecho ya medio camino. El otro medio consiste en nuestra responsabilidad de asumir la plena responsabilidad de nuestra creación. Será entonces cuando podamos dejar de abusar de los demás y empezar a molestar a nuestro yo. Y también entonces puede que comprendamos que la persona que antes considerábamos «muy difícil» ha resultado ser nuestro mejor maestro.

Reflexiones para tu diario

Reconocimiento: ¿A qué tres personas dirías que eres más alérgico?

Comprensión: ¿Por qué crees realmente que eres alérgico a ellas (puede haber razones distintas para cada una)? ¿Qué creencias tienes sobre cada una que hacen que te resistas a ellas o que reacciones ante su presencia?

Transformación: Considerando a cada una por separado, ¿qué verdad te liberaría de la alergia y te permitiría conectar con ellas más cómoda y fácilmente?

9

«Espera a que se lo diga»

La enfermedad de la INCONTINENCIA

Hay una enfermedad que puede desarrollarse en la conciencia y que se conoce como INCONTINENCIA. Tiene los siguientes síntomas principales: pensar y hablar sin parar, y tener que ser considerado siempre el que piensa y habla. Normalmente las dos cosas. La «creencia viral» que subyace tras esta enfermedad suele ser la creencia inconsciente de que «Necesito de la afirmación de los demás». Algunos de los pensamientos que surgen son sintomáticos de la incontinencia del alma, y suelen ser del estilo de: «Debo decírselo...», «Deben saberlo...», «Espera a que se lo diga...» o «No se lo van a creer...». Por lo general, las palabras del incontinente no vienen precedidas de pensamientos tan precisos, ya que todo sale descontroladamente.

La «conciencia incontinente» estará normalmente en un estado de expansión y especulación con respecto a un buen número de cosas. Las conversaciones del incontinente, cuando entra en acción, están motivadas por tres formas de necesidad. La primera es la necesidad de ser el centro de atención. La segunda es la necesidad de ser reconocido, validado y valorado como la persona «que lo sabe todo». La tercera necesidad suele ser liberarse y aliviarse de la presión mental de tanto pensar, analizar, juzgar, especular, interpretar, concluir, conjeturar, corregir. ¡Uf!

Al igual que la disfunción física que conocemos como incontinencia es difícil de curar, la enfermedad de la incontinencia de la conciencia es difícil de sanar. En este proceso parece haber muchos momentos de aparente placer. «Oh... ¡no me digas que no lo sabías!», «Nunca habría imaginado que sería yo quien te lo diría...», «Estoy tan contento de que te guste mi interpretación de lo que les pasa...».

Ser escuchado atentamente, ser reconocido y valorado como la persona que lo sabe todo, es como una adicción a un «chute» de la que es difícil desengancharse. El agotamiento ralentiza el ritmo de las cosas, pero no es la solución. La conmoción por el hecho de que la «verborrea descontrolada» puede desencadenar un giro desafortunado de los acontecimientos en la vida de otra persona, puede hacer que el «incontinente» dude un poco en su parloteo descontrolado. Pero quizá no por mucho tiempo. Es posible que alguien manifieste su opinión por su charla incesante y eso le lleve a mirar con mayor atención en su interior. Pero el incontinente sabe encontrar una justificación para sus divagaciones gratuitas, necesitadas y dirigidas a llamar la atención.

Puede que comprendan, o no, que su entrometimiento en los asuntos ajenos les están llevando a la siguiente creencia: «Estoy perdiendo mi propia vida». Si lo comprenden, sería un posible indicio de que están poniendo cada vez más atención y energía, lo cual implicaría un cambio muy importante. Sin embargo, finalmente debe haber un reconocimiento profundo de que su necesidad de ser escuchados por los demás, del reconocimiento ajeno, de la valoración ajena, solo puede mitigarse con la propia comprensión de su valor verdadero. Solo cuando comprenden que su sentido del valor y la valía procede, es observado y es conocido desde el interior, podrán sanar sus costumbres de cuerpo inquieto, mente inquieta y lengua inquieta.

La charla de la insatisfacción

Sin embargo, quizá eso no sea posible hasta que las intenciones den un giro y pasen de querer a dar. En su incontinencia parecen estar dando, y ellos mismos creen estar haciéndolo, pero en realidad están queriendo y tomando. Solo cuando damos de nuestro yo sin desear, logramos saber lo que somos y el valor que tiene lo que albergamos en nuestro interior. El reto para las personas afectadas de incontinencia del alma es comprender que no están realmente «dando» nada cuando sueltan la lengua mental o verbalmente. Están exigiendo atención y buscando el reconocimiento de quien los escuche. Aunque no haya nadie más, probablemente parlotearán en silencio con personajes imaginarios surgidos de su cabeza.

Solo en el proceso de entregarse genuinamente, sin querer nada a cambio, comprenderán que no necesitan nada de nadie. Sí, tal como hemos visto antes nuestro cuerpo necesita comida, albergue, ropa, etc., pero el «yo»[5] (*I*), el yo (*me*), el yo (*self*), no necesita nada. Cuando lo comprendemos, es fácil sentarnos tranquilamente, incluso en silencio, sin necesidad de ser escuchados, afirmados, valorados o incluso reconocidos por los demás. La fuerza y el valor del yo son conocidos directamente desde dentro, de manera que toda «necesidad», todo deseo de algo de los demás, se disuelve. En muchos sentidos, esta es una de las libertades más profundas.

Se trata de amor, en realidad

En cualquier momento cualquier persona puede experimentar uno de los actos de comprensión más potentes. Suele ocurrir cuando se ama a otra persona. Es el momento revelación «Lo que soy es amor». En esos momentos el yo comprende que «Lo que antes creía que necesitaba, ya no lo necesito». Ya está presente. Comprender esto «puede» anular toda búsqueda posterior del amor en forma de reconocimiento, aprobación y aceptación por parte de los demás o del mundo. Al menos para algunos puede que sea así. Para otros, comprender y aceptar esta comprensión no es tan fácil de integrar. No ayuda el hecho de que todo el mundo a nuestro alrededor aún esté

---

[5] N. de la T.: En castellano no puede conservarse la diferenciación que se hace en inglés de «yo», que está clasificado como «I», «me» y «self», según el correspondiente contexto.

«buscando el amor». Esta creencia de que el amor debe buscarse en los demás es tan profunda y compartida por tanta gente que se halla en el núcleo de la cultura moderna. Incluso habiendo comprendido que el amor es, al fin y al cabo, lo que soy, y que ahora sé lo que valgo como fuente de amor, sigue sin resultar fácil liberarse de los «hábitos de búsqueda y necesidad».

Si esta comprensión es auténtica, si la libertad de necesitar algo intangible de los demás es auténtica, entonces empezará a surgir del interior una serena satisfacción. Te darás cuenta de que una sensación de completitud sustituye a la necesidad que surgía de un sentido ilusorio de vacío. El parloteo continúa, sustituido por una vibración de tranquilidad que irradia hacia el exterior. Entonces podrás escuchar a los demás a un nivel más profundo. Sentirán que están recibiendo, mediante la simple atención de tu escucha compasiva, algo de gran valor.

Sí, a veces necesitamos expresarnos, decir algo, compartir algo, pero cuando no surge de la necesidad es más parecido a un regalo. Los sentimientos de enfermedad del alma, que surgen y nos impulsan a seguir charlando, han desaparecido. En su lugar aparece una sensibilidad hacia la comunicación de los demás y un sentido claro de cuándo es adecuado hacer tu contribución a la conversación. Entonces es cuando los demás se sienten atraídos hacia tu bienestar y ya no les preocupa tener que evitar o sentirse desbordados por tu enfermedad incontinente.

En definitiva, la cura de esta forma de enfermedad del alma empieza cuando **reconocemos** que el parloteo y más parloteo tiene su origen en una mente que no puede estar quieta, que siempre tiene que estar pensando en los demás y que está continuamente hablando con los demás mental o verbalmente, en general sobre los demás. Este derroche de energía mental suele manifestarse como una avalancha de palabras en conversaciones unidireccionales.

La **comprensión** empieza cuando vemos que hay una gran inseguridad en el yo con respecto a la propia validez y valía. Y todo debido a una «creencia viral» según la cual nuestra existencia debe ser reconocida y valorada por los demás para que podamos sentirnos vivos y disfrutar de la vida. La cura empieza a «notarse» cuando comprendemos que los demás no pueden darnos nunca lo que ya está dentro, es decir, nuestro propio sentido del valor y la valía. Basta con que comprendamos la verdad de lo que somos, de quién es realmente el «yo» que dice «yo soy». Solo cuando comprendemos que lo que esperamos de los demás ya lo tenemos dentro de nosotros, puede acabarse el hábito de querer y buscar la validación de los demás. La **transformación** será completa cuando seamos capaces de sentarnos y al mismo tiempo escuchar y hablar desde una serena satisfacción, a diferencia de antes cuando una agitación eléctrica habría desviado nuestra conversación con temas básicamente triviales o completamente irrelevantes.

Reflexiones para tu diario

Reconocimiento: En una escala del 1 al 100 (1 es bajo y 100 es alto), ¿cómo valorarías tu nivel de incontinencia?

Comprensión: ¿Por qué crees exactamente que a veces no haces más que hablar y hablar cuando tienes ataques de incontinencia verbal? ¿Qué buscas con ello?

Transformación: Practica conscientemente la satisfacción serena en todas tus conversaciones de esta semana.

Las 12 Enfermedades del Alma

10

«Tengo que saber más»

La enfermedad de la INDIGESTIÓN

Hay una enfermedad de la conciencia conocida como INDIGESTIÓN. Los síntomas principales son la confusión mental, la incapacidad de concentrar la atención, tormentas ocasionales de agitación emocional con estallidos de lenguaje florido entremezcladas con estreñimiento verbal y social. La creencia viral que provoca esta enfermedad es «Tengo que saber lo que está pasando». Surgen pensamientos del estilo de: «Tal vez me esté perdiendo algo importante», «Me pregunto qué le ha pasado a...», «Tengo que saber más sobre...» o «Estoy seguro de que hay algo nuevo que tal vez me he perdido...».

Cuando comemos demasiado y demasiado deprisa, nuestro sistema digestivo físico no puede absorberlo todo. Corremos el riesgo de sufrir reflujos ácidos o gastritis, hinchazón o eructos, diarrea o estreñimiento. Nuestros cuerpos nos están diciendo que bajemos el ritmo y comamos menos, que mastiquemos la sopa y nos bebamos la comida, como suele decirse.

En la era de la información, con acceso instantáneo a casi cualquier tema, cualquier acontecimiento y la vida de casi cualquier persona, algunos hemos desarrollado la tendencia a absorber montones de imágenes, ideas y cotilleos. Es fácil que nos pasemos el día analizando noticias, opiniones y las entrevistas más recientes. Igual que los adictos a la comida temen perderse un piscolabis, hay quien se pone nervioso cuando se le cortan esos flujos de información que le satisfacen su continua adicción a saber qué ocurre en las vidas de los demás. El arco iris de síntomas de esta enfermedad del alma abarcará de la confusión al agotamiento, de la euforia a la decepción, de la inquietud al ansia. El ansia de información es lo que nos empuja hacia una pantalla y un teclado, ya sea en el escritorio, el bolso o el bolsillo, muchas veces al día.

Puedes observar este fenómeno prácticamente en todas partes, casi cada día y con casi todo el mundo. Grupos de personas se reúnen para tomar café, pero la conversación se demora cuando se sientan todos alrededor de la mesa y se ponen a mirar si tienen mensajes en el móvil. Los adolescentes se van de excursión a la montaña y son ajenos al espectacular escenario mientras se sientan en las rocas y miran «lo que pasa» en su página de Facebook. En una galería de arte vemos a gente rodeada del arte más exquisito que está mirando los correos electrónicos o que están totalmente enfrascados en mirar las fotos que les mandan los amigos. Los delegados que acuden a un costoso seminario de contenido muy importante levantan de vez en cuando la vista del móvil que tienen bajo la mesa para escuchar, mientras hablan con la oficina y responden a los clientes y colegas como si cada mensaje fuera una urgencia. Tal vez por eso dijo Einstein: «Temo el día en el que la tecnología sobrepase nuestra interacción humana. El mundo tendrá una generación de idiotas».

¡Desconectarse!

¿Cuál es la cura? Es difícil decirlo. Estar conectado suponía estar más «en contacto» con algunas personas, tal vez con la familia o amigos a través del correo ocasional. Nos brindaba la oportunidad de preocuparnos más desde la distancia, de poder contactar rápidamente manteniendo viva una r elación valiosa. Asimismo, nos permitía alimentar la conexión con la gran familia humana. Pero estar «conectado» hoy, para un número cada vez mayor de personas, es como inocular un goteo intravenoso directamente en sus mentes. Si de pronto termina la «alimentación en directo» de noticias, las creencias virales de los demás, la hiperestimulación de «lo que ocurre» en cada rincón del mundo, entonces, para los que han alcanzado un estado muy adictivo, retirar ese goteo puede ser el equivalente a un fuerte síndrome de abstinencia. Estar «desconectados» supone para ellos un pensamiento atemorizador.

Necesidad de saber menos

La aceptación sincera y el reconocimiento significativo son síntomas de que el poder de sanación del sistema inmunitario ha empezado a trabajar. Primero un poco de honestidad y la aceptación de que: «Sí, soy un adicto, soy adicto a la información, soy adicto a la tecnología, padezco indigestión de información». En segundo lugar, el reconocimiento: «No necesito saber lo que está pasando a más de 10 metros de mí el 95% del tiempo».

Algo que puede ayudar a reforzar la comprensión de estas dos «realidades» es que nos fijemos en un día normal y nos preguntemos cuánta información recordamos de toda la que hemos consumido. Normalmente es muy poca. Probablemente menos del 5%. ¿Por qué? Porque no tenía ningún valor real. Era el equivalente a la comida basura. Había muy poca sustancia mental o intelectual, o bien esta era muy irreal. Simplemente no era necesario saberlo, no necesitábamos consumirlo.

Alimento real

¿Qué es lo que nos alimenta de verdad? ¿Qué es una fuente de información sana que también sea de valor para nosotros e incluso puede que nos fortalezca? Es la información que surge en el proceso de reflexión sobre el yo. Va de «dentro afuera» y no de «fuera adentro». Es información sobre lo que sentimos, de dónde vienen nuestros pensamientos, qué nos influye para que nos comportemos del modo en que lo hacemos, por qué reaccionamos emotivamente y no respondemos racionalmente. Cultivar esta especie de comprensión autodidacta es primordial en el proceso de sanación de todas las enfermedades del alma aquí descritas, algo que se ve reforzado por la práctica de la meditación, ya que la meditación en sí misma cultiva y expande la autoconciencia y profundiza en ella. La meditación es el camino que nos aleja de nuestra adicción a la información y la sustituye por una reconexión con nuestra propia sabiduría innata.

Comprender la realidad

Otra perspectiva o verdad que nos puede ayudar a liberarnos de la enfermedad conocida como «indigestión del alma» es que no puedes perderte nunca nada real. Lo que estás consumiendo por vía electrónica no es real. Navegar por el océano digital de la vida es una actividad algo superficial, es evidente. Pero considerar la idea de que estás consumiendo algo «irreal» no es mucho menos evidente. Sea cual sea la información que consumes a través de tus ventanas electrónicas al mundo, lo cierto es que ha sido filtrada e interpretada por el intelecto de otras personas. Está representada y modificada por la naturaleza del propio medio electrónico. Está descontextualizada y magnificada, embellecida y reinventada para nuestro ego sediento. Así que no es real. No estás siendo testigo de la realidad. Está artificialmente moldeada, formada, distorsionada, reconstituida y representada para que te mantengas interesado, enganchado, dependiente y con ganas de más. Está diseñada para estimularte a mantener tu hábito de invertir tu sentido de la identidad en la vida de los demás, en definitiva, vivir tu vida a través de los demás. Eso es lo que quiere decir vivir en un «mundo irreal», un mundo, por desgracia, en el cual la mayoría de nosotros nos estamos adentrando.

Entonces, ¿vas a vivir en el mundo real y natural o en el mundo irreal y fabricado por los demás? Intenta estar unos días sin conexión ninguna. El primer día tendrás mono, el segundo día ganarás estabilidad mental y una paz en el corazón que te recordará lo que era vivir antes en el carril lento. El tercer día te darás cuenta de que la calidad de tu dieta mental es vital para tu bienestar. El cuarto día podría ser el principio de un nuevo hábito, en el que empezarás a considerarlo todo atentamente y de manera un poco más profunda para tu yo. Empezarás a «sentirlo» todo más profundamente en tu yo. Empezarás a elegir y a experimentar tu bienestar cuando quieras. Bueno, es cierto, quizás cuatro días es demasiado optimista...

Pero observa los síntomas de esa enfermedad del alma que podría denominarse «indigestión». Tu sistema inmunitario se activará solo. Te recordará que casi toda la información que consumes tiene poco valor. Probablemente te darás cuenta de que la información está al final de un recorrido que empezó con la verdad. Entonces la verdad, con aplicación, se convirtió en sabiduría y luego cristalizó en conocimiento. A continuación utilizamos nuestro conocimiento con el objetivo de crear la tecnología necesaria para generar y mandar grandes cantidades de información a larga distancia y a la velocidad del rayo. Con cada transición —algunos dirían *caída*—, la calidad de nuestra dieta mental e intelectual fue disminuyendo y perdimos el bienestar.

Crear valor nutricional para el alma

La próxima vez que **reconozcas** determinada enfermedad del alma relacionada con las noticias del día o lo que parece pasar en las vidas de los demás, recuerda que no necesitamos saber más que un pequeño porcentaje de lo que «creemos» que deberíamos y podríamos saber. Es esta «creencia viral» que dice «Necesito saber» la que provoca el eventual reflujo de información no digerible que denominamos *noticias* y *opiniones ajenas*. Comprueba si te es posible **comprender** que al fin y al cabo no es real y que no ofrece ningún valor nutricional para el alma. Observa «lo real» con tu ojo interior. La realidad eres tú, el «yo» que dice «yo soy». Lo que es real son los pensamientos y sentimientos que creas. Lo real es lo que estás dando al mundo, no lo que estás consumiendo del mundo. La realidad es lo que oyes de tu propia intuición, no lo que producen y retransmiten las instituciones.

Observa los indicios de que se está produciendo la sanación de tu indigestión espiritual y de que esta **transformación** ha empezado. Le das al teclado una vez por hora, no cinco veces por hora. Miras si tienes mensajes en el móvil una vez por hora, no diez veces por hora. Miras a menudo por la ventana al infinito del espacio exterior mientras contemplas y reflexionas sobre posibilidades, ideas, visiones, que estás creando y con las que «juegas» en la realidad infinita y primaria de tu propia conciencia.

Reflexiones para tu diario

Reconocimiento: ¿Con qué frecuencia consumes información cada día? Intenta determinar un promedio por hora. Luego, a partir de este promedio, calcula el tiempo que dedicas a consumir información por día. ¿Por qué consumes tanta información habitualmente?

Comprensión: ¿Qué porcentaje de información es útil, qué porcentaje te alimenta, qué porcentaje es una pérdida de tiempo y energía?

Transformación: Crea cinco «acciones creativas» alternativas, es decir, cosas que puedas hacer en vez de consumir información de los medios electrónicos. Dicho de otro modo, no se trata de que dejes de utilizar los medios electrónicos como recurso, sino de ver qué podrías descartar y sustituir con tu propia creatividad.

11

«Siempre tengo razón»

La enfermedad de la ARTRITIS

Hay una enfermedad de la conciencia que podría denominarse «artritis del alma». Su principal síntoma es una inflexibilidad profunda que raya la rigidez crónica. La creencia viral subyacente es «Tengo razón en todo». Surgen pensamientos como «Así es como lo veo, y es la única manera...», «Solo hay un modo correcto de hacerlo, y es como yo lo hago».

Igual que su equivalente físico, en el que se padece una rigidez dolorosa de las articulaciones del cuerpo, aquí hay una rigidez del alma que se muestra como una actitud cerrada a nuevas maneras de ver y hacer. Igual que sentimos dolor al intentar doblar una articulación artrítica, con la artritis del alma hay un sufrimiento en la resistencia inflexible a las ideas y comportamientos de los demás. Lógicamente, este sufrimiento es emocional y se manifiesta como una oscilación entre el enfado —«¿Cómo se atreven a hacérmelo ver o hacer de modo distinto?»— y el dolor —«Esto no puede seguir así y seguro que no tiene más razón que yo».

El alma con artrosis tiene opiniones rígidas y normalmente se aferra rápidamente a un conjunto de creencias asimiladas y formadas hace mucho tiempo, en el pasado. Las personas profundamente religiosas tienden a padecer artritis espiritual. Su sentido de identidad, seguridad y estabilidad está basado en sus creencias religiosas, absorbidas de la escritura antigua o la interpretación ajena de estas escrituras. Tras «adoptar» estas creencias, las acaban considerando sus verdades personales. Raramente se habrán detenido a analizar y comprender la diferencia entre verdad y creencia. Sin embargo, únicamente lubricando las nuevas visiones, las nuevas maneras de percibir, las nuevas formas de comprender el propio yo y las nuevas maneras de dar sentido a la vida cotidiana, podremos comprender estas nuevas verdades y liberarnos de las viejas creencias. Solo la percepción continua de nuevas verdades proporcionará finalmente alivio al alma artrítica del sufrimiento creado por uno mismo, que surge de aferrarse rígidamente a un conjunto de creencias.

Por eso es por lo que la diferencia principal entre religión y espiritualidad suele ser la misma que entre creencia y verdad. La religión tenderá a decir «debes creer» lo que te han dicho o las consecuencias serán terribles. La espiritualidad tiende a decir «no creas en nada» y utilizando una práctica particular podrás ver y darte cuenta de lo que es verdad para tu yo. La religión tiende a decir que la «creencia» es suficiente mientras que la espiritualidad diría que la creencia es, en el mejor de los casos, un letrero, y en el peor, una venda. La creencia tiende a ser «de fuera adentro» mientras que la «verdad que ha sido comprendida» es «de dentro afuera». La creencia está confinada por ideas y conceptos en los que la verdad es más como un estado multidimensional del ser con profundidad infinita. Pongamos un ejemplo cotidiano: mirar tu tarjeta comercial y «creer» que eres lo que dice en ella no es verdad. Pocos se dan cuenta de que la verdad empieza con «No soy lo que hago» y termina con «Soy el yo que dice "soy"». ¡Eso es todo!

Un mal humor oscuro

Seguramente es cierto que la mayoría de nosotros crecemos con la enfermedad de la artritis ya dentro. Simplemente porque creemos ciegamente que los que nos enseñan o nos hablan son esos adultos llamados *padres y profesores*. Muy a menudo me encuentro en talleres y seminarios con personas que tienen distintas formas de artritis del alma. Las más habituales parecen ser las que tienden a sentarse con los brazos cruzados y muy pegados al pecho. Su expresión facial tiende a mostrar irascibilidad. La vibración que emana de ellos parece decir: «La verdad es que no quiero estar aquí». Al cabo de un rato y como resultado de una frustración lógicamente creciente, levantan la mano y empiezan a quejarse de que no están de acuerdo. Empiezan a decirme, sin ambigüedades, cuáles son sus propias creencias, en un tono que expresa que se sienten muy incómodos y reticentes al punto de vista que perciben en lo que digo. Llegados a este punto, suelo decir (y debería decir lo mismo aquí, en el contexto de este libro, en caso de que os sintáis un poco artríticos en respuesta a algunos contenidos): «No os creáis ni una palabra de lo que digo. No estoy aquí para convenceros de nada. Solo voy hablando y describiendo lo que veo cuando analizo estas cuestiones en mi interior. Mis opiniones podrían dar un giro la semana que viene, o el año que viene. En realidad, espero que así sea. Espero que se hagan más profundas y también sentirme más en línea con lo que considero verdadero. Pero, por favor, no os limitéis a creer lo que digo sin más porque entonces os podrías perder toda la información nueva y fresca que hayáis descubierto para vuestro ser. Y por eso estamos todos aquí ahora, para ver y darnos cuenta por nosotros mismos de lo que es verdad hoy y no tanto de lo que es solo otra creencia asumida del ayer».

Solo un poco

En este punto normalmente se relajan... un poco. Se muestran más receptivos, pero bueno, solo un poco. Se abre el ojo de su intelecto... un poco más. El estado de ausencia de ego conocido como «curiosidad» se amplía... un poco. Las articulaciones artríticas que hay entre sus sistemas de creencias incorporadas parecen soltarse y doler menos. Pueden doblegarse un poco más fácilmente y lo hacen, a veces incluso con una sonrisa y un «gracias». Pero, ¿quién sabe por cuánto tiempo?

Difícil de curar

Ya sabemos que la artritis del cuerpo no es fácil de curar. De modo similar, la artritis del alma es también difícil de curar. Resulta difícil ver que, igual que la dieta es un factor muy importante en la artritis física, nuestra dieta mental e intelectual en el pasado ha sido un factor importante para nuestra artritis espiritual del presente. Una vez más el ego hace su aparición, como suele ser habitual en todas estas enfermedades. El alma artrítica está consciente e inconscientemente apegada a sus creencias, y se identifica con ellas. De ahí viene el ego. Los que sufren esta enfermedad quedan atrapados en las formas que sus creencias adoptan en su mente. Es como si se convirtieran en sus creencias. Es como si el pensamiento de tu cuerpo fuera la silla en la que te sientas. Si tu cuerpo pudiera pensar eso, y si pensara eso, no volvería a andar. Tu cuerpo, contigo en él, estaría permanentemente postrado en una silla. Y por eso la artritis del alma se siente y parece una especie de punto de vista permanentemente fijo, con percepciones rígidas e interpretaciones arraigadas que simplemente se repiten. A todo eso se añade una actitud bloqueada que provoca modelos de comportamiento repetitivos.

Se produce un gran alivio cuando el alma artrítica se despierta y **reconoce** el valor de una de estas tres cosas: aprender de los demás, comprender al otro y ser una guía para los demás. Cuando se comprometen en alguna de estas interactividades, empiezan de forma natural a relajar su rígido pensamiento y creencias fijadas. Naturalmente **comprenden** que hay más ángulos válidos, puntos de vista más variados, más opciones para seguir adelante de las que previamente habían concebido. Este tipo de comprensión lleva naturalmente a la **transformación** cuando el alma previamente artrítica deja de estar atrapada a la misma «silla de creencias» y deja de ser modelada por ellas. Se levantan y es como si su espíritu empezara a bailar con nuevas maneras de ver, nuevas visiones del conocimiento, mientras refuerzan niveles más profundos de su propio ser. A veces la transformación del alma artrítica se concreta en el retorno a un entusiasmo infantil. Es como si volvieran a descubrir el mundo. Se «intoxica el espíritu» mientras la conciencia inspira y espira el aire fresco y revitalizante de las nuevas percepciones, visiones y conocimientos.

No es un logro menor pasar de la silla a la pista de baile tras años de artritis. Vale la pena celebrar cuando alguien se levanta y empieza a «mover y balancear» sus viejas articulaciones. Si alguna vez estás con alguien y le ocurre eso, siéntete privilegiado de estar presente. Probablemente estás viendo lo que suele denominarse «milagro menor». También es un momento de plena alegría cuando alguien empieza a desembarazarse de las visiones y opiniones, creencias y comportamientos que ha mantenido rígidamente. Los que están a su alrededor empiezan a decir o pensar cosas del tipo de: «¡Cómo has cambiado! Realmente eres más flexible y es más fácil estar a tu lado. Estás... muy bien».

Si ves que algunas de tus «articulaciones espirituales» te duelen y están rígidas e hinchadas, ¡ya tardas en llamar a tu profesor de baile!

Reflexiones para tu diario

Reconocimiento: ¿En qué situaciones muestra más Resistencia tu yo a las ideas y opiniones de los demás? ¿A cuáles de las creencias que percibes en estas situaciones te aferras rígidamente? ¿Por qué crees que ocurre esto?

Comprensión: ¿Cuál es la diferencia entre creencia y verdad? Averígualo. Anota tus descubrimientos.

Transformación: ¿Qué diferencias vería la gente en ti en cuanto a actitudes y comportamientos si fueras más abierto y flexible?

12

«No se me da bien amar»
La enfermedad del ASMA

Hay una enfermedad de la conciencia que podría denominarse ASMA del alma. El síntoma principal es la incapacidad para «expresar amor». Mientras que la diabetes del alma es la incapacidad para recibir, aceptar y asimilar amor de los demás, el asma muestra un alma que tiene dificultades para dar amor y ser cariñosa, en cualquier momento y lugar. Tal vez crean que están «dando», pero no suelen hacerlo con el corazón sino con la cabeza.

La persona que padece un «ataque de asma físico» tiene problemas para respirar. Hay algo que le oprime y estrecha los conductos respiratorios. A la persona que padece un «ataque de asma espiritual» le resulta casi imposible «espirar» su amor hacia los demás. Algo le oprime el corazón y el camino que va del corazón «al otro». No es el corazón de su cuerpo, sino el corazón de su ser.

En un ataque de asma físico, las bandas de músculo que rodean las salidas de aire se endurecen. Los revestimientos de los conductos respiratorios se hinchan y se inflaman. Las células que los recubren producen una mucosidad más gruesa de lo normal. En un ataque de asma espiritual, la capacidad de amar está limitada porque la capacidad del corazón de irradiar la energía del amor se encoge. La inflamación viene indicada por la «mucosidad emocional» que conocemos como las distintas formas de miedo e ira.

El oxígeno del alma

En la dimensión física, el cuerpo toma aire para adquirir el oxígeno vital esencial que necesita nuestro cuerpo. Cuando inspiramos aire, no eres tú el que respira, es tu cuerpo. En la dimensión espiritual, que eres tú, el ser consciente, el amor es una irradiación del exterior de la energía... ¡que proviene de ti! Del mismo modo que aspirar oxígeno es esencial para la salud corporal, la irradiación de amor es esencial para el bienestar del alma. Cuando haces algo con amor, estás sobre todo dando la energía de tu ser. Si entregas tu yo pero sigues queriendo algo a cambio, tu energía se desvía y se queda bloqueada por la idea/imagen que tienes en tu mente de lo que quieres. En esos momentos no eres un ser de bienestar porque en todo deseo está implícito el miedo. Querer es la conversión de amor a miedo.

El amor es el oxígeno del alma, pero el oxígeno espiritual del amor debe ser irradiado y liberado, no adquirido ni consumido, para recuperar y mantener el bienestar. Esto significa que la diferencia entre cuerpo y alma puede resumirse en dos dinámicas. El cuerpo está diseñado para «absorber» nutrientes y oxígeno con el fin de mantener la salud. El alma está diseñada para «dar» la energía/vibración de la luz y el amor, que son los nutrientes espirituales que mantienen su bienestar. La naturaleza del cuerpo es consumir, mientras que la del alma es irradiar.

La opresión de los conductos respiratorios del cuerpo parece estar «desencadenada» (pero no provocada) por muchas cosas, entre ellas la comida, otras personas, las situaciones estresantes, el entorno e incluso el clima.

Sin embargo, la opresión de la energía que irradia el alma está provocada por una cosa: el apego.

Comprender la mente

La mente no es el alma, no es el yo. La mente es la facultad del alma que muestra a esta las visiones y sonidos del mundo «de ahí fuera» cuando entran «aquí dentro» a través de nuestros ojos. Entonces los ponemos en la pantalla de nuestra mente «de aquí dentro». La mente es también el lugar donde creas pensamientos, ideas e imágenes, que irradias desde «aquí dentro» hacia el mundo «de ahí fuera» mediante tus actitudes y acciones. Con el tiempo empiezas a sentirte apegado y atrapado en las ideas e imágenes que creas en tu mente. El apego a cualquier idea o imagen genera miedo. Por eso el miedo se convierte en el síntoma principal de la enfermedad del asmático. El miedo es el amor distorsionado por el apego. El miedo es la misma energía radiante de la conciencia que el amor. Pero la vibración de esa energía se «distorsiona» cuando se interpone el objeto (imagen o idea) al cual se ha apegado el yo. De ahí los diversos sentimientos de miedo que «insperimentamos», como por ejemplo la preocupación, la tensión, la ansiedad, el pánico, etc.

Este punto es fácil de comprobar mediante la experiencia personal. Un minuto puedes ser abierto y cariñoso con alguien y al minuto siguiente generas miedo o ira hacia esa persona cuando no hace, o dice, o es, exactamente como TÚ querrías. Si en ese momento pudieras ser plenamente consciente, te darías cuenta de que la vibración del amor que estabas dando un minuto antes se convierte en miedo unos minutos después porque tienes una imagen mental de cómo te gustaría que actuaran, hablaran o fueran. Es como si «envolvieras tu yo con film transparente» en esa imagen/idea mental. Te «reduces» al tamaño de la imagen y estás «envuelto» en ella, lo que significa que estás apegado a la imagen. Esperas que los demás sean tal como los has imaginado en tu mente. Cuando no encajan con esta imagen, cuando no se cumplen tus expectativas sobre ellos, tu apego a esa imagen es lo que está transformando la vibración de tu energía, que ha pasado de amor a miedo/ira. Deshazte del apego, es decir, sal de la imagen de tu mente, y volverás naturalmente al fondo de tu ser.

Entonces, la energía que des recobrará su vibración original y más elevada, aquella que conocemos como amor. Pero no es tan fácil, sencillamente porque no somos muy conscientes de esta sutil dinámica interior de nuestra conciencia, de nuestro yo. Esta es la formación dinámica del ego o el falso sentido del yo. El ego es el momento en el que te apegas a —y pierdes tu sentido de la identidad en— lo que no eres. Por eso es imposible ser realmente afectuoso con los demás, a menos que estés desapegado o no apegado.

Reconocer un ataque de asma

El asma del alma es incluso más común que el asma del cuerpo. Cada vez que creas y sientes una «emoción» (tristeza, ira o miedo) estás teniendo un ataque de asma espiritual. Tu capacidad de dar amor está reprimida. En un ataque de asma físico, la lucha por respirar se sirve de un «inhalador externo» que desprende ciertas sustancias químicas que ayudan a descongestionar y abrir los conductos respiratorios. En un ataque de asma espiritual también necesitamos ayuda mientras luchamos por «exhalar» la máxima energía, conocida como amor, a nuestras relaciones. Para ello necesitamos de la ayuda de un «exhalador interno».

Hay tres tipos de «exhaladores internos» que pueden abrir el camino del corazón de nuestro ser y garantizar que recuperamos e irradiamos la energía del amor auténtico. El primero es el propio corazón. En el fondo de nuestro ser hay un estado inmutable original y eterno que no puede perderse nunca. La meditación te llevará hasta ahí. Por eso el primer paso vital en la meditación es «desapegarse», lo que significa liberar el yo de todo apego a pensamientos, ideas, imágenes, recuerdos, etc. Entonces, recobrarás tu estado natural de paz interna. En esta paz sentirás el pulso de tu corazón espiritual, que es el impulso natural de dar, conectar, amar. Tu «intención natural» es dar tu yo sin intención de recibir nada a cambio. En este estado de conciencia no hay ningún pensamiento «sobre» el propio yo, solo se trata de «ser» el yo propio. En este estado natural del ser estás irradiando la máxima energía del yo propio como amor... ¡naturalmente!

Mantener una compañía «elevada»

El segundo «exhalador interno» lo constituye la compañía de alguien que está siendo cariñoso, que está en ese estado natural de amor que acabamos de describir. En este punto las cosas se empiezan a poner «interesantes». La otra persona parece estar fuera y más a un nivel físico que espiritual. ¿Alguna vez te has sentido animado en presencia de alguien que está siendo clara e incondicionalmente afectuoso con los que tiene a su alrededor, incluido tú? En esos momentos, la energía de tu conciencia se ve impulsada y «resuena» con la vibración de su conciencia. Es como si la vibración te estuviera elevando a un estado más alto del ser. En esos momentos, aunque parece que está «ahí fuera», ambos estáis conectados por lo que podrías llamar una «conexión alma con alma». Es como si vuestras dos energías espirituales se aunaran. Dos yos se convierten en uno sin que perdamos el sentido del «tú» y el yo.

En esos momentos no hay ningún «ahí fuera» ni «aquí dentro». Hay una conexión energética invisible que tú y los demás «sentiréis». Su vibración máxima tiene una influencia magnética y elevada en tu conciencia. Por eso siempre es beneficioso mezclarse con personas que están haciendo su labor interna para elevar y agudizar su conciencia. Están en proceso de despertar mientras se quitan de encima todas las ilusiones y falsas creencias acumuladas en el camino. Están despertando y fortaleciendo su sistema inmunitario espiritual y sanando todas estas enfermedades mientras recuperan el bienestar del alma. El estado último de bienestar se ve en alguien que puede estabilizarse en un estado amoroso de concienciación en todo momento y en todas partes.

La fuente de luz y calor

El tercer «exhalador interno» no es ni interno ni externo. En realidad, en el contexto de la conciencia, que es lo que el «yo» que dice «yo soy» es, no existe lo interno y lo externo. Tal como hemos visto antes, la conciencia no está sujeta a la dualidad, a dicha separación. Por eso la fuente última de energía espiritual es un misterio para la mayoría de nosotros. Pero es «la fuente» de más ayuda para recuperar nuestra capacidad de ser quienes somos, que es amor, y de hacer lo que estamos diseñados para hacer, que es amor. A veces nos referimos a esta fuente como energía divina, o el amor de Uno, o el amor de Dios, o Dios como amor. En realidad, no importa qué etiquetas utilicemos. Es la energía del amor puro. ¿Cómo conectamos entonces con la fuente? ¿Cómo accedemos al nivel más elevado de energía espiritual? Simplemente estando abiertos. Ello significa no estar apegado a nada ni a nadie, ya que el apego es lo que mantiene cerrados nuestra conciencia, nuestro corazón y nuestro yo.

Un día al sol

Con una metáfora será más fácil entenderlo. Estás en la tierra. Hay nubes en el cielo. No ves ni sientes el sol directamente por las nubes. Para sentir el calor del sol y absorber su luz, tan esencial para la salud del cuerpo, tienes que esperar a que desaparezcan las nubes o elevar tu yo por encima de ellas. Y lo mismo ocurre con tu conciencia y contigo. Ahora mismo, el nivel vibracional de la conciencia de la mayoría de nosotros es bastante bajo. Va de poco afectuoso a muy amargado. «Sentimos» esos estados de baja vibración como formas de miedo e ira, ansiedad y celos, tristeza y desesperanza, etc. Las nubes son todos los objetos, gente, creencias, recuerdos y situaciones que, en nuestras mentes, creamos y a los que apegamos nuestro «yo». Son nuestros apegos los que aíslan la luz de la fuente. Son como cortinas a través de la ventana de nuestra conciencia. Más allá de las nubes de nuestros apegos está la «energía original» que vibra a un nivel mucho más alto. Es la vibración más elevada de la conciencia, del espíritu. Llamamos a esta vibración *amor puro, amor divino*. Para conectarnos con la «energía original» necesitamos elevarnos por encima de las nubes que nuestra conciencia ha fabricado, lo que significa soltar nuestros apegos. No perdemos nada con esto, simplemente se trata de un cambio de relación con cualquier cosa y persona perteneciente a nuestro entorno vital. Lo que significa que comprendemos plenamente la realidad de que nada y nadie es «mío».

Cuando sueltas, cuando liberas todos tus apegos y, por tanto, tus dependencias, la vibración de tu conciencia se agudiza y se eleva. Internamente estás liberando tu yo. A su vez ello te abre de nuevo y permite que recibas y te «conectes» con esa «energía original». En esos momentos, también sientes el «calor» de ese amor puro que emana de la fuente. Puede que «sientas» aquello a lo que a veces nos referimos como la «dicha máxima». En esos momentos de conexión estás tocado por la «luz» de un ser con una conciencia pura. Eso vuelve a despertar en ti la conciencia de tu yo auténtico e incondicional. «Comprenderás plenamente» que tu yo es la energía espiritual que tú eres. No lo estás pensando. En este estado de reconocimiento de uno mismo no hay pensamiento, no hay necesidad de pensar. Es un estado que también sirve para soltar y romper todos tus apegos inconscientes más sutiles a todas las «creencias virales» que hemos ido analizando aquí. En algunas culturas, a este «momento de conexión» con la fuente se le llama «yoga», que simplemente significa «unión».

Donde hay unión hay amor y donde hay amor habrá unión.

En definitiva, **reconoce** tus ataques de asma espirituales. Esos momentos de alteración mental y emocional. **Comprende** que es solo la energía de tu corazón, de ti, que empieza como la vibración del amor pero que está distorsionada por el apego a los sentimientos de tristeza, enfado o miedo. **Transforma** tu yo, es decir, quítate el «film transparente» de tus apegos. Devuelve tu conciencia a su nivel de vibración máximo y te conectarás y resonarás naturalmente con «la fuente». Permite que esta «insperiencia» te transforme de manera que ya no necesites adoptar la forma de tus apegos. Date cuenta de que en realidad eres, y siempre has sido, un espíritu libre. Date cuenta de que ahora puedes «respirar libremente» desde tu corazón, sin constricciones ni restricciones. Al hacerlo también te darás cuenta de que nuevamente estás «bien en tu ser».

Reflexiones para tu diario

Reconocimiento: Analiza cómo ha ido el día y señala los momentos en que has tenido un ataque de asma espiritual, es decir, momentos en los que te has puesto triste, te has enfadado o has tenido miedo. Anótalos.

Comprensión: En esos momentos, ¿qué deseabas de los demás o de la situación y pensabas que no ibas a conseguir (puede ser algo tangible o intangible)?

Transformación: Imagínate que sabes que tu papel en cada una de estas situaciones es ser la persona que da, la persona cuya tarea consiste en aportar algo valioso, beneficioso a la persona o la situación. ¿Qué sería en cada situación? Trata de ser lo más concreto posible.

TERCERA PARTE

Estar bien, mantenerse bien y seguir bien

ser
Vivir; existir, estar vivo.
Sinónimos: existencia, vida, entidad, esencia
Sinónimos en un contexto puramente espiritual: alma, yo, espíritu, conciencia, conciencia pura

bienestar
Estado o condición natural del ser antes de perder la conciencia pura

Ser es llegar a ser

Así que ahora sabes, y puedes reconocer plenamente —si es que no lo habías reconocido ya—, que el bienestar es una condición del alma. Es un «estado natural» del ser espiritual que eres. Un «ser de bienestar» no se duerme en los laureles; puede reconocer muy bien lo que afecta a su conciencia interior, y ha comprendido plenamente una verdad: que nadie, ni ningún acontecimiento ni circunstancia, le puede hacer sentirse mal. ¡Siempre soy YO quien lo hace!

El ser de bienestar también integra en su vida las prácticas cotidianas indispensables para mantener su bienestar, lo que le permite volver a **estar bien** tras una vida padeciendo distintos tipos de enfermedades del alma, **mantenerse bien** en cualquier situación en la que se halle y **seguir bien** esté donde esté.

Nuestras enfermedades físicas, una vez detectadas y curadas, normalmente se curan del todo, quizás con pocas excepciones. Sin embargo, con las enfermedades de la conciencia suele pasar lo contrario. Por lo general accedemos rápidamente a una verdad que permite eliminar momentáneamente la «creencia viral» que provoca nuestra enfermedad del alma. Quizás, tras una breve modificación de la actitud y el comportamiento, tras un breve consuelo para un malestar interior, la antigua creencia y sus comportamientos derivados volverán a hacer efecto a menos que estemos alerta. El motivo hay que buscarlo en nuestro viejo amigo: el hábito.

El hábito mantiene vivas nuestras enfermedades del alma

Tendemos a considerar los hábitos como acciones físicas que llevamos a cabo de forma reiterada. Sin embargo, los hábitos se originan en lo más profundo de nuestra conciencia, a nivel de nuestras creencias y percepciones, que a su vez moldean nuestros pensamientos y sentimientos más habituales, los cuales llegan a guiar nuestro comportamiento. Todas estas enfermedades de nuestra conciencia tienden a convertirse en «hábitos por capas». Juntas configuran nuestra zona de confort. Por eso muchos de nosotros aprendemos a estar cómodos en la incomodidad, a ser felices en la infelicidad, y ni siquiera lo reconoceremos.

Recibir una lección de humildad nos pone de rodillas

Aunque parece absurdo creer que somos felices y estamos cómodos cuando al mismo tiempo nos sentimos desgraciados, lo cierto es que la gran mayoría de nosotros aprende a tolerar nuestras enfermedades del alma hasta que el nivel de sufrimiento o infelicidad es tan intenso que nos obliga a afrontarlas. Solo entonces hacemos algo al respecto. Muchos esperamos al momento de tocar fondo, el punto más bajo de nuestras vidas, lo que solemos llamar *noche oscura del alma*. Es cuando cada aspecto de nuestra vida parece estar envuelto en... ¡oscuridad! Es aquel momento en el que nos echamos las manos a la cabeza y gritamos, en nuestra mente o allá donde estamos: «¡Ya no puedo más!».

Es el momento en que nos abrimos a ayudar. El ego, que nos había estado susurrando al oído interior desde la habitual resistencia al cambio, diciendo «Estoy bien, de verdad» o «Puedo arreglármelas por mí mismo» o «Puedo cuidarme muy bien, gracias», se disuelve durante unos instantes y obliga a nuestro espíritu a arrodillarnos. Es como si nos obligaran a arrodillarnos y nos enseñaran a abrirnos a la ayuda de fuera, a rendirnos a cualquier persona o cosa que nos pueda asistir en esa hora de gran necesidad interior para nosotros. Suele ser, este, un momento en el que coincide que hay alguien presente en nuestra vida para conducirnos hacia una nueva, y quizás más profunda, tal vez más espiritual, forma de pensar y percibir. Si no es una persona, puede que sea un libro que ha caído en nuestras manos, o un folleto o invitación a algún retiro que por alguna coincidencia llega ese mismo día.

Empieza el viaje... ¿o no?

Estos son momentos importantes que podemos reconocer, mirando atrás, como puntos de inflexión y origen de nuestro viaje espiritual. Este libro podría ser el primero de muchos de esos puntos en el curso de tu viaje, o simplemente uno más entre los muchos que integran un repertorio en continuo crecimiento. No obstante, por mucho que parezcamos despertar a verdades más profundas, aquellos viejos hábitos siguen dando guerra. Toda una vida desarrollando la inclinación a sentir lástima por nosotros mismos, a enfadarnos con los demás, a temer el futuro o deprimirnos por todo, al fin y al cabo no son más que hábitos. No importa qué técnicas probemos, qué conocimientos podamos asimilar o en cuántos talleres participemos: a un nivel más profundo, esos hábitos no van a desaparecer. Es como si la mayoría lucharan por aferrarse y no soltarse, incluso ahora que entendemos claramente qué, cómo, cuándo y por qué son el origen de las muchas formas de enfermedad del alma que hemos estado analizando aquí.

¿Por qué cambia tan poca gente?

Aunque en el plano intelectual sabemos que somos nosotros y no los demás quienes nos causamos el sufrimiento, resulta muy difícil cambiar el hábito de creer que la víctima es nuestro yo. Es como el acero reforzado y los cimientos de hormigón de una vieja y bien consolidada zona de confort que preferiríamos no demoler. Ser el objetivo es postura bien conocida; es mucho más fácil ser la víctima. De nosotros se espera que «reaccionemos» cuando alguien encuentra los botones que debe apretar. Por lo tanto, preferimos mantener viva nuestra reputación de víctimas, complacernos en la propia percepción de ser los perseguidos, en lugar de embarcarnos en un compromiso interno total con las ilusiones que nosotros mismos mantenemos.

¿Por qué parece que, en realidad, son muy pocas las personas que cambian? Muchas no paran de hablar de cambio. Escuchan y estudian a los llamados «expertos del autocambio». Asisten entusiasmadas a cursos, seminarios y talleres sobre «cómo cambiar tu yo». Siguen la estela del puchero de felicidad dorada prometido al final del arco iris transformacional y de desarrollo personal. Van a retiros de larga duración, la mayoría en total silencio. Encuentran un «*coach* para el cambio» que las asesora y orienta para... ¡cambiar! Todo ello con la finalidad de transformarse y, en consecuencia, cambiar el modo de pensar, sentir y vivir su vida. Y no hay nada de malo en todo eso. Las lecciones pertinentes las aprendemos normalmente sobre la marcha, según nuestro nivel de compromiso. Puede que no sean las lecciones esperadas ni las más deseadas, y quizá tampoco traigan consigo las revelaciones prometidas en la propaganda de promoción, pero lo cierto es que algo valioso tiene que ocurrir en el curso de todo proceso que fomenta la autoindagación. Algo cambia necesariamente cuando aumenta la conciencia de uno mismo y se ahonda en el compromiso sincero con nuestro proceso creativo.

Pero parece que son muy pocos los que realmente cambian... ¡profundamente, significativamente, permanentemente! ¡Algunos incluso salen de esos eventos y procesos de autofortalecimiento y autodesarrollo con un papel en la mano que dice que ahora son «expertos transformacionales» cualificados y que ya pueden enseñar a otros a cambiar! Sin embargo, sus comportamientos, sus reacciones, sus emociones y su personalidad siguen siendo básicamente los mismos. ¿Por qué? ¡Dichosos hábitos! ¡Es el apego al confort de esas incómodas zonas de confort! ¡Es la larga y profunda familiaridad con esa propia infelicidad que tanto han llegado a querer, por así decirlo! Aunque bueno, quizás eso sea ir demasiado lejos.

En lo más profundo de nuestra conciencia hay un lugar que solemos llamar *subconsciente* en el que estamos apegados a todas estas creencias virales, pero no se trata de desapegarnos sin más. Después de todo, la mayoría son apegos «subconscientes», lo que significa que no forman parte de nuestra conciencia de cada día y de cada momento. ¡Y no se puede dejar atrás algo a lo que no eres consciente de estar aferrándote! ¡Uf

Pero volvemos a lo mismo: quizás no te haga falta. ¿Estás incómodo?

La revelación se ha revelado

Uno de los secretos del autocambio es que, para cambiar, ¡deberás dejar de intentar cambiar!

Hay una ilusión que suele formar parte esencial de la mayoría de escuelas de desarrollo espiritual y personal, de casi todos los cursos, talleres y seminarios de crecimiento y fortalecimiento personal, de muchas herramientas, métodos y técnicas diseñados para el autocambio. Es la idea de que TÚ debes cambiar, de que TÚ puedes cambiar. Pero es imposible. No puedes cambiar tu «yo». Lo que cambias es tu creación, que es tu personalidad, la matriz de los hábitos, el andamio interior construido con todos los rasgos y tendencias que has desarrollado previamente. Son tus construcciones únicas e irrepetibles, pero no son tú, sino tu creación. Tu personalidad no es el «yo» que dice «yo soy». ¡Tu personalidad no es tú!

El yo, el ser consciente que somos tú y yo, nunca cambia. «Creemos» que cambiamos, pero no es así. Sin embargo, cuando identificas tu yo con tu forma física, con tu personalidad, con la matriz de los hábitos y tendencias que has creado e incluso con las emociones que sientes, y en todos estos casos hay cambios, ¡te engañas pensando en que eres tú quien está cambiando, quien puede cambiar, quien debe cambiar y quien tendrá que cambiar!

Esta idea, esta comprensión de la más profunda «verdad» sobre ti, y sobre mí, y sobre todo el mundo, por decirlo de alguna manera, cambiará las cosas de verdad.

La iluminación está a la vuelta de la esquina

En la segunda parte hemos analizado muchas de las verdades que, una vez comprendidas plenamente, tienen el poder de disipar las creencias que provocan las muchas enfermedades de la conciencia. La «verdad que ha sido entendida» cura la conciencia de las enfermedades del alma causadas por aquellas «creencias virales». La verdad profunda que tiene el poder de eliminar todas las enfermedades del alma no es otra que la verdad sencilla que explica quién y qué eres. Simplemente porque todas esas enfermedades (ya te habrás dado cuenta) tienen una causa, concretamente... ¡tu apego a —e identificación con— aquello que no eres!

Perdemos la conciencia de esta verdad sobre quiénes somos cuando el mundo nos distrae, nos atrae, nos apegamos a algo o alguien del mundo y al final nos volvemos adictos a los estímulos de las experiencias mundanas. No es bueno ni malo, simplemente «pasa». La verdad sobre quién eres no es una verdad fruto de una observación o reflexión intelectual, sino una verdad fruto de tu «verdadero estado del ser».

En otras palabras, perdemos el reconocimiento de nuestro verdadero estado del ser, así como la capacidad para vivir de él. Esto ocurre en el momento en el que nos apegamos a —e identificamos con— formas materiales pertenecientes al mundo «de ahí fuera» y formas mentales pertenecientes al mundo de nuestra conciencia «de aquí dentro». Todo empieza con la creencia errónea de que somos la imagen que todo espejo nos devuelve reflejada. Un error que se extiende y que llega a hacer que nos identifiquemos con la etiqueta del fabricante de la ropa que lleva puesta nuestra forma en el espejo. Y que seguirá extendiéndose hasta afectar a nuestra idea sobre qué vehículo conducimos, dónde trabajamos y quién es nuestra pareja. Todos estos apegos generan una corriente de identidades separadas en nuestra mente. En último término, nuestros apegos/identidades más profundos y sutiles serán para aquellas «creencias virales» invisibles e intangibles que asimilamos del mundo que nos rodea, en nuestro viaje por la vida.

Poco a poco, estas creencias aprendidas se entrelazan sutilmente a través de nuestra conciencia y reducen y distorsionan nuestro verdadero estado del ser. Es un estado en el que se tiene una conciencia clara y natural de «quién soy yo». Podrían equipararse estas creencias a las «impurezas» que contienen los metales cuando son extraídos de la mina: para devolverles la pureza hay que extraerles sus impurezas. Es como si estas creencias fueran impurezas que «oscurecen» nuestra conciencia, de ahí que a menudo se considere al gran premio de la «iluminación» como la recompensa a la práctica espiritual y a los posibles años de esfuerzo espiritual concentrado.

Cuando hay un instante de «iluminación», por un momento se vuelve a la «claridad absoluta». Es un instante en el que nos liberamos del control de todas estas creencias. Todas las identidades separadas y falsas caen derribadas. Se nos devuelve la conciencia de nuestro verdadero estado, no como algo conocido, ¡sino como un estado silencioso de sabiduría inconsciente! Pero suele durar solo un instante. Después nos damos cuenta de lo muy arraigadas que tenemos en la conciencia estas ilusiones sobre nuestro yo. Y es que regresan a ella una y otra vez como si fueran molestos vecinos. De nuevo, los hábitos.

Por lo tanto, aunque podemos renovar nuestra forma de comprender «quien soy yo», normalmente por medio de la práctica meditativa, esa «verdadera conciencia del yo» parece que solo podemos recuperarla y mantenerla entendiendo también quiénes NO somos. Hasta que no empezamos a examinar y «desnudar» TODAS las creencias que hemos asimilado, no podemos entender plenamente que: a) no soy mis creencias; b) no soy la forma que «creo» ser, o dicho de otro modo, no eres quien o lo que te han enseñado a creer que eres; c) las creencias a las que me aferro no son la verdad.

En esencia, una idea esencial

Hay muchas palabras para describir la energía de la conciencia que somos cada uno de nosotros: *alma, espíritu, yo auténtico, yo incondicionado*..., y todas son adecuadas. Aquí he utilizado la mayoría de ellas, incluido el «yo» que dice «yo soy». Son formas de «señalar hacia» lo que es el «yo». Y es que las palabras únicamente pueden «señalar».

Todo eso puede traducirse, más o menos, en una idea llena de esencia: ¡tú no eres «nadie», yo no soy «nadie» y nadie de nosotros somos «nadie»! No es una idea fácil de entender. Pero de eso se trata, de no intentar entenderla. No intentes convertirla en una idea y, después, en otra historia sobre «mí». Eso es lo que hacemos con el nombre que damos a nuestra forma física. Se convierte en una idea, en la creencia de que tu nombre y forma son lo que tú eres, y después creas una historia compuesta de más creencias y de un montón de recuerdos alrededor de tu nombre y forma. Pero ese nombre, esa forma y esas historias no son lo que tú eres. No eres un nombre o una forma. Y tampoco eres una historia. Son imágenes e ideas «creadas» y tú eres su creador, no eres una imagen o una idea.

¡Ser nadie otra vez!

Míralo de este modo. Si crees que eres tu nombre/forma, cuando alguien insulte tu nombre/forma te disgustarás, y eso equivale a un momento de enfermedad del alma. Si crees que eres lo que haces, cuando alguien critique lo que haces te entristecerás o te enfadarás, o quizás ambas cosas, y eso equivale a una enfermedad del alma. Si crees que eres tu religión, cuando alguien ridiculice tus creencias religiosas te lo tomarás como algo personal y discutirás, y eso equivale a fricciones y quizás ira, que a su vez equivale a enfermedad del alma. Todas las enfermedades del alma parten de un sentido erróneo de quién y qué SOY. Por eso nuestro principal hábito, el más profundo y frecuente, es con mucho el de perder nuestro sentido de quién y qué somos. Para muchos, sobre todo quienes ya han iniciado un «camino espiritual», todo esto puede parecer elemental. Ahora bien, las sutiles capas de ilusión sobre nuestro yo se hunden en lo más profundo de nuestra conciencia. Cuando «reaccionas» emocionalmente a cualquier persona o cosa, sabes que aún hay otra capa, otro hábito de apego e identificación errónea que tienes que disolver.

Hasta que no empiezas a «darte cuenta» y, por tanto, descubrir estas sutiles capas por ti mismo, dentro de ti, no puede iniciarse la parte más profunda del viaje desde el reconocimiento hasta la comprensión y, posteriormente, la transformación. Transformación, aquí, no significa cambiar sino trascender de las sutiles «formas mentales» con las que has estado identificando erróneamente tu yo.

¡Nadie ni nada es el ser que tú eres!

Gratitud y humildad

Al recuperar esa conciencia también comprendes que «siempre» has sido nadie y nada. ¡Y comprendes que «nada» ni «nadie» pueden cambiarse! No puedes cambiar ese primer estado —para algunos, eterno— y esencial del ser. Lo único que puedes hacer es reconocer nuevamente que «al final», y para siempre, eres nadie y nada. Y si lo haces no parece cambiar nada: sigues comiendo, durmiendo, trabajando, jugando, pagando las facturas, etc. Ahora bien, al despertar de nuevo esa conciencia ya no tienes que crear y mantener una imagen a los ojos de los demás, porque ahora ya sabes que cualquier imagen en la que bases tu sentido del yo es una ilusión.

Así pues, ya no necesitas apego a nada ni a nadie. No tendrás que pensar «cómo me desapego y me hago no dependiente», porque ocurrirá de forma natural. Ya no necesitas nada de los demás o del mundo para reafirmar aquellas ilusiones que tenías cuando pensabas dónde «debías ir» y qué creías que «debías hacer» para tener éxito, ser feliz y sentirte realizado. El éxito es comprender que ya estás satisfecho y que ya tienes todo lo que necesitas para vivir una vida plena y feliz. Todos esos viejos hábitos relacionados con «querer» y «tener apego» desaparecen de modo natural, y entonces cualquier cosa que piensas o haces se origina en un lugar de gratitud y humildad. Todo lo que ves que está sucediendo «ahí fuera» se percibe como lo que «está destinado» a ser. Ahora puedes ver, desde un espacio interior de comprensión y aceptación, que todo está bien y que todo estará bien.

El juego de la vida

Pero eso no significa que al mostrar tu pasaporte en el control del aeropuerto tengas que decir: «Bueno, es que en realidad no soy yo; en realidad, no soy nadie». No significa que tengas que dejar de trabajar y no asumas la responsabilidad que te corresponde por tu posición o dejes de hacer cualquier tarea que suelas desempeñar. No significa que tu tarjeta de presentación esté en blanco y en ella no conste nada ni nadie, y que cuando la des a alguien digas: «Bueno, este soy yo y esto es lo que hago... ¡nada!». Ni tampoco significa que no puedas debatir el significado más profundo de aquellos textos escritos que interesan a tu intelecto.

Vivimos en un mundo de almas encarnadas, un mundo en el que llegamos a jugar con —y a través de— una forma física. El idioma que todos co-creamos y compartimos en ese proceso es básicamente el «idioma de las etiquetas». Sigue hablando el idioma y sigue jugando al juego de la vida, el juego creativo de vivir. Pero experimenta y elimina lo que para muchos es el error más habitual de todos nosotros, es decir, «identificarse» con las etiquetas. Intenta «no creer» que la etiqueta eres tú. ¿Has detectado en tu conversación momentos en los que aparecen las etiquetas? Cuando detectes un «instante en el que aparecen las etiquetas», empezarás a darte cuenta de que son esas mismas etiquetas las que acaban con toda la diversión y la luz del juego de la vida. Y abren la puerta a muchos instantes de enfermedad del alma.

En lo más profundo de nuestro corazón sabemos que la vida, en realidad, no es más que un juego. Un juego lúdico que pretende ser una experiencia de deleite y alegría, de maravillas y carcajadas sin fin. Pero el momento en que lo olvidamos es el mismo momento en el que olvidamos ser nadie y nada. El momento en el que creemos —e intentamos— ser alguien y algo, ahí es cuando la enfermedad del alma llamada «seriedad» hace acto de presencia y desaparece la alegría.

Crea y juega

Por lo tanto, cuando de verdad entiendes que en esencia eres nadie y nada, ves todo lo demás como lo que es. Un juego, un taller, un viaje, una reunión..., tú decides, porque has recuperado tu poder para crear el mundo y tu vida en el mundo, sea cual sea la forma elegida para hacerlo. Pero ya no verás, ni podrás ver, lo que hay «ahí fuera», en el mundo, como la única realidad. Ya no lo ves como la realidad principal, como lo que antes sí creías que era. Es una realidad muy secundaria y, como creador, verás que tanto el mundo como tu viaje en él a través de la vida no son más que el contexto en el que consigues ser creativo, jugar, ser cariñoso, recibir cariño y mostrarte alegre... en compañía de amigos. Todos se convierten en amigos tuyos.

En el momento en que empiezas a tomarte algo en serio, fíjate en la presencia del miedo, la enfermedad más conocida del alma. Es una señal de que, otra vez, acabas de quedarte dormido frente a quien eres. Ya no reconoces tanto tu yo real. Has empezado a creer, otra vez, que eres lo que ves en ese espejo, que eres lo que haces, que eres el lugar donde vives, etc. Aparecerá entonces la consiguiente ilusión de mortalidad y te hará percibir el mundo «de ahí fuera» como un lugar peligroso. ¡De nuevo, la enfermedad del alma!

Despertando de tu sueño

En tu proceso de comprensión o recuperación de la conciencia de quién eres realmente —es decir, nadie ni nada— habrá una oscilación entre estar despierto y estar adormecido, entre momentos de conciencia total y momentos en los que pierdes la claridad de esa conciencia.

Cuando estás despierto y eres consciente, sabes que no te hace falta cambiar, que TÚ no puedes cambiar. «Sabes» que es innecesario y, en último término, imposible que cambies. Y sabes que no hay necesidad de intentar cambiar el mundo que te rodea porque, en tu estado de despertar, también has comprendido que todo lo que hay en el mundo de ahí fuera tiene la apariencia que debería tener, y se mueve y va cambiando exactamente como debería hacerlo. ¡No te corresponde a ti vigilar el universo! Cuando comprendas estos dos puntos, estarás en paz con tu yo y con el mundo.

El despertar espiritual puede equipararse al despertar de un profundo sueño físico. Cuando dormimos en nuestro lecho, soñamos. Al despertarnos por la mañana, nos damos cuenta de que lo que hemos soñado no era otra cosa que eso mismo, un sueño. Y que, por lo tanto, no era real. Una señal de que estamos despertando y viendo quiénes/qué somos en realidad es cuando empezamos a darnos cuenta de que nuestra vida cotidiana es más parecida a un sueño, más onírica. Así, empezaremos a darnos cuenta de cómo interpretamos el mundo, y los acontecimientos del mundo, según como veamos nuestro yo, según quién y qué «creamos» que somos y según las creencias que hayamos heredado y asimilado de otros sobre el propio mundo.

Por ejemplo, si identificas tu yo con lo que haces y escuchas en las noticias que está habiendo recortes en tu sector, creas una historia mental en la que te imaginas que alguien pierde el trabajo, y surge el miedo. Eso significa que, aunque piensas que estás despierto, y lo estás físicamente, y aunque todo parece y se siente como real, lo cierto es que estás en un estado onírico de conciencia. Tu temor proviene de una identidad que está basada en lo que haces. Sin embargo, esa sensación de identidad es una ilusión, es como un sueño, una ficción que estás creando sobre tu yo dentro de tu conciencia. Cuando consideras tu yo un «personaje de ficción», todas tus interpretaciones del mundo pasan por el filtro del «tú de ficción». Después, ¡esas mismas interpretaciones pasan a ser ficción! Empezar a reconocer esto es uno de los principales indicios de que estás «despertando».

¡Redescubriendo la realidad!

Tal como hemos visto, la «realidad» es que tú no eres lo que haces. Eres simplemente tú, el ser consciente. Eres simplemente el «yo» que dice «yo soy». Desde este estado de conciencia miras la realidad secundaria del mundo de ahí fuera, cómo cambia de color, de textura y de forma. Y en este caso el cambio está relacionado con algo llamado «sector» y con un puesto de trabajo. Pero ahora ya no identificas tu yo con lo que haces, y por tanto no creas una historia de pérdida futura, no creas miedo, no sufres, ¡no vives en un sueño mental que te has creado tú mismo! Eres libre, estás despierto, eres consciente. El mundo cambia, tú no; los trabajos cambian, tú no; todo va y viene, tú no. Tú siempre permaneces igual. Tú eres la realidad principal de tu vida.

Si nos engañamos pensando quiénes y qué somos, crearemos interpretaciones fantasiosas e ilusorias sobre lo que está ocurriendo «ahí fuera» en el mundo. Nuestra versión de la realidad que hay ahí fuera se ve distorsionada por nuestro sentido ilusorio del yo. Pero tenemos tan arraigadas en la conciencia identidades ilusorias del tipo «soy mi forma, soy lo que hago, soy mi nacionalidad, etc. », que no comprendemos que estamos interpretando y distorsionando el mundo de ahí fuera según el falso sentido que tenemos de quién/qué somos «aquí dentro».

Vivir en un sueño

Si, por ejemplo, hemos aprendido a creer que solo los triunfadores son personas felices y exitosas, entonces viviremos a toda prisa para lograr ser uno de ellos. Empezaremos a buscar el éxito ante los demás para poder ser felices. Seguramente hará falta un gran muro de ladrillos, cubierto totalmente con la palabra *estrés* en él, para hacernos entrar en razón y entender finalmente que el éxito es relativo y que nuestra felicidad no depende de ningún logro externo. Sin embargo, vivíamos en un estado onírico cuando veíamos nuestro yo como un «futuro gran triunfador» que perseguía... ¡triunfos!

Esto mismo explica por qué ese viejo cliché que reza «Estoy viviendo un sueño» significa, en realidad, ¡vivir en un estado de irrealidad! Un día entendí que no quiero ni necesito «vivir el sueño», sino que ¡necesito despertar «del sueño» que ya estoy creando y viviendo! Solo entonces es posible estar satisfecho, que es la modalidad más profunda de felicidad. Solo entonces es posible estar alegre, que es la felicidad proveniente del interior cuando comprendes que no «quieres» nada de nadie, que no viniste a «obtener una vida» ¡sino a crear tu vida! Ser creativo es la verdadera meta y función de la conciencia. Solo cuando hacemos honor a nuestra naturaleza podemos ser creativos estando alineados con nuestro yo real y verdadero. Solo entonces podemos conocer la verdadera alegría.

Todos estos momentos de enfermedad del alma que «insperimentamos» en nuestra conciencia son «señales» claras de que estamos generando y participando en un sueño, el nuestro, creado por nosotros mismos. Hemos absorbido las creencias de otros a través de nuestra conciencia y con ello hemos saboteado nuestra creatividad. Cuando todos tienen las mismas creencias, sueñan casi las mismas ilusiones y desilusiones, y el resultado es la confusión, el caos y la locura que tan a menudo vemos en el mundo de hoy. Y sin embargo, en otro sentido, un sentido más verdadero, más profundo, el mundo no está loco ni es caótico, ¡ya que sea lo que sea que esté ocurriendo, es exactamente lo que tiene que ocurrir! ¿Acaso consideramos una locura o algo caótico la decadencia y la destrucción propias del otoño? ¡Al fin y al cabo es una estación que llega cuando tiene que llegar!

El apego que mostramos a nuestras «creencias virales» nos garantiza que pasaremos por alto nuestras interpretaciones erróneas. Pasaremos por alto que, en esencia, estamos soñando el mundo. Y si alguien pone en duda nuestras creencias, nos llevará a creer que siempre son las creencias e interpretaciones de la otra persona las que son erróneas. Hasta que un día empezamos a sentir y darnos cuenta de algo que no acaba de ser correcto, algo que no encaja, algo que falta, algo que me molesta y que no está ahí fuera, en el mundo. ¡Está en mí! Esa sensación sutil, esa tranquila intuición o ese instante en un muro de ladrillos es una de las primeras señales de que el yo/alma vuelve a despertar a sí misma. Despierta y comprende que no es más que la propia conciencia, y no la forma o las muchas etiquetas que designan la forma, lo que aprendemos a «creer» ciegamente que somos.

Al principio, cada día se llenará de momentos que alternarán entre el despertar y el sueño, entre la conciencia y la inconsciencia, hasta que te das cuenta del origen y la naturaleza de todas las ilusiones que has estado creando para dar forma a tu sueño sobre... ¡ti mismo!

Existen cuatro prácticas que, una vez integradas en tu vida, te garantizan un despertar gradual de tu somnolencia y la sustitución del sueño, que no sabías que estabas creando subconscientemente, por la realidad. Estas prácticas requieren una atención diaria, no ocasional. Son las cuatro prácticas que garantizan que el sistema inmune del alma recuperará y mantendrá su capacidad para acceder a esas verdades necesarias para cercar y acabar con las creencias virales que causan tanto los sueños como las enfermedades en nuestra conciencia.

La primera práctica
Meditación

«No te quedes ahí sentado, haz algo» es el mantra de un mundo adicto a la acción y la reacción. Un mundo que está gobernado por la creencia de que cuando las cosas no andan bien, «hay que hacer algo, ¡y rápido!». ¿No te has fijado en que esa clase de «reactividad» casi nunca sirve para mejorar el mundo o convertirlo en un lugar más tierno y armonioso? «No hagas nada, siéntate aquí» es la sabiduría de un alma iluminada que ha entendido que la paz, el poder y la sabiduría de aquellas personas provienen del interior. Han aprendido que la acción dirigida por una sabiduría paciente suele ser más eficaz que una reacción dirigida por un trastorno emocional.

De algún modo, la vida no empieza hasta que comprendemos que nuestra paz interior y nuestro poder interior son estados del ser que «ya están presentes». No son estados que podamos alcanzar viajando a algún lugar, haciendo algo o conociendo a alguien. Hasta llegar a ese punto, buscamos la paz y el poder fuera de nuestro yo. El planteamiento de «No hagas nada, siéntate aquí» no significa que estemos sentados durante horas sin hacer nada y que la vida no sea otra cosa que estar eternamente sentado. Una acción imbuida de paz y definida por el poder de nuestra sabiduría es una acción que ofrece amor a los demás y no provoca más enfermedades (emocionales) en nuestro yo.

La meditación es una forma de reconectar con ese estado del ser a la vez pacífico y poderoso que no se muestra aparente. Es una forma de restituir la «verdadera vibración» de la energía de la conciencia. La meditación es una forma de «conocer» nuestro yo como lo que somos, como entidades poderosas, como seres amorosos, como individuos alegres, como entidades intrínsecamente pacíficas pero proactivas. Tal como hemos visto, perdemos esa capacidad de ser y conocer nuestro verdadero yo cuando se nos enseña a perder nuestro sentido de la identidad en todo aquello que no somos.

Cada día, el mundo que te rodea quiere identificarte con aquello que no eres. Son el marketing y la publicidad, el ocio y la política. El trabajo de esos mundos consiste en mantenerte adormecido en un estado onírico, para que no veas quién eres y convencerte de que te identifiques con lo que «ellos son», con lo que «ellos tienen», con lo que «ellos hacen» y con lo que «ellos creen». Sin embargo, ni ellos saben lo que hacen, ¡porque ellos mismos están adormecidos!

Tal vez *práctica* no sea el mejor término para describir la meditación; seguramente es *arte*. En última instancia la meditación no es algo que haces, es el arte de recuperar tu verdadero «estado del ser», es decir, ser tu verdadero yo, estés donde estés y sea lo que sea lo que estés haciendo. Muchos de nosotros pasaremos toda nuestra vida intentando ser alguien, porque es lo que nos han enseñado a creer que debemos hacer para «tener éxito». Así pues, resulta fácil quedar atrapado en la creencia de que «tenemos que hacer algo con nosotros mismos». Una creencia que nos lleva a observar a los demás para ver cómo les va, para calibrar su éxito y aspirar a él y, a continuación, preguntarnos por qué parece que no tengamos una vida tan plena. Es como una montaña rusa emocional que no lleva a ningún sitio.

Perfección y belleza

Existe un antiguo dicho que hace que volvamos a ser conscientes de una verdad que, una vez entendida plenamente, nos ayudará a descender de esa montaña rusa. Quienes intentan «ser alguien» aún no saben cómo «ser». Hasta que no PARAMOS de intentar ser algo, alguien, algún tipo de «hacer humano» capaz de atraer la atención y la aprobación de los demás, no podemos SER nuestro yo. Cuando somos nuestro yo nos damos cuenta de que TODO lo que antes buscábamos intentando ser alguien ya lo tenemos. El «TODO» que ya tenemos significa que en el interior de todos nosotros existe una paz que supera todos los demás placeres, una satisfacción que supera todas las demás emociones, una serenidad que supera todas las demás tranquilidades, un amor que supera todas los demás afectos. ¡Y ya los tenemos todos en nuestro ser!

En consecuencia, el hecho de hallarnos en ese estado del ser cambia nuestras prioridades, nuestro propósito y nuestra forma personal de relacionarnos con los demás. Sin embargo, lo mejor es no hablar de ello y limitarnos a vivirlo hasta haberlo recuperado del todo y hallarnos relativamente estables en ese estado de liberación. De vez en cuando habrá momentos en los que, por decirlo de alguna manera, oscilaremos entre estar despiertos y estar adormecidos, entre la conciencia del TODO y la inconsciencia de todo aquello... Hace falta tiempo para devolver la perfección y la belleza de la virtud a nuestro carácter. Lleva algo de tiempo despertar totalmente nuestra conciencia de que somos nadie y nada. Y lleva algo de tiempo devolver a nuestra conciencia la paz, el poder y el amor que solo nosotros podemos «conocer» una vez sabemos que somos nadie.

El arte y la práctica de la meditación consisten en el cultivo del **reconocimiento del ser**, la invocación de la **comprensión** y la consiguiente **transformación**. No se trata únicamente de transformar el «yo» de uno mismo, puesto que el yo devuelve la conciencia a su forma original, sino las formas de todo lo que uno crea, desde los pensamientos hasta las actitudes, desde las percepciones hasta los comportamientos, desde las creencias hasta las emociones. Y según el viejo dicho: «¡La paciencia infinita da resultados instantáneos!». La meditación es la paciencia instantánea con resultados infinitos.

El arte de la práctica de la meditación

¡La meditación es, básicamente, el arte de ser! Empieza con momentos de tranquilidad, en un rincón apacible, sentados en silencio y estando, simplemente, sosegados. Entonces, nos fijamos en aquellos hábitos del hacer que quieren imponerse, nos fijamos en los pensamientos y sentimientos que quieren saltar por aquí y por allá y entrar en acción. Y les decimos a todos ellos: «No, ahora no, permanece en silencio, que sepas que estoy en paz». Cuando estás en paz, sabes que lo que eres es paz. Ya no es una idea, o una aspiración, o una promesa: es lo que «yo soy».

Vivimos en el mundo de la acción. Vivimos en cuerpos. Interactuamos con los demás y con las energías naturales del mundo que nos rodea. Si tenemos que liberar el yo de nuestros hábitos de apego e identificación errónea, de nuestros hábitos de querer y aspirar a ser alguien distinto de quien somos, nos ayudará comprender que, aunque estamos en el mundo, no somos de él; simplemente estamos de paso.

En la meditación «verás a través» de todas las creencias e imágenes ilusorias que has asimilado y creado «sobre» tu yo. Te desharás de todas las ideas e imágenes, recuerdos y conceptos que has utilizado para construir tu sentido de identidad, hasta que solo quede la conciencia del «yo» y diga: «yo soy». Todo lo que venga después del «yo soy» no eres tú. ¡No es más que ficción, un constructo, un producto de tu imaginación! Cualquier cosa que digas después del «yo soy» no es lo que tú eres. Incluso si dices «soy conciencia» o «soy un alma» no será cierto, porque hay palabras que dan lugar a conceptos. Y tú/yo/nosotros no son conceptos. Somos los creadores de conceptos. ¡El pintor no es el cuadro que pinta!

Por lo tanto, cuando te sientas a meditar, no tienes ningún objetivo, ni expectativa, ni deseo de insperimentar. Sienta tu cuerpo, siéntate en el trono de tu conciencia y quédate observando. Fíjate como todo viene y va —pensamientos, sentimientos, recuerdos, impresiones—; todos vienen y van, suben y bajan. Pero fíjate en quién está observando. ¿Quién es aquel que nunca va y viene? Tú. El yo. Sí, hay un «tú», hay un «yo», un sentimiento de «yo». Y está bien así. No intentes aferrarte a él. No lo busques. No «esperes» sentir algo. No es tan fácil después de toda una vida buscando, aferrando y esperando. Ya llegará el momento. Ocurrirá. Ya lo verás. Ya lo sabrás. Limítate a ser.

En último término, no hay una «forma correcta» de meditar, así es que, si todo eso es un poco vago o demasiado esotérico para ti, tómate diez minutos e inténtalo del siguiente modo.

Siéntate en un lugar tranquilo en el que no puedas ser molestado. Deja que el cuerpo adopte la forma del asiento. Relaja conscientemente el cuerpo en él. Escanea el cuerpo utilizando la conciencia para ver si algún punto está tirante o notas tensión en él. Deja que esas zonas se relajen. Ahora pon toda la atención en tu respiración y síguela. Mantente así durante unos instantes. Concéntrate poco a poco en tu respiración. No separes la «respiración hacia dentro» (inspirar) de la «respiración hacia fuera» (espirar); considérala un movimiento completo. Notarás que te vas relajando, más aún. Dirige entonces la atención hacia tu yo. Reconoce a tu yo en estado... consciente. Crea entonces un pensamiento en el seno de tu conciencia: «Soy un ser de paz». Deja que ese único pensamiento reciba la energía de tu atención. Igual que riegas una flor, permite que ese pensamiento crezca con el agua de tu afectuosa atención. Intensifica la claridad de ese pensamiento. Si te distraes o se desvía tu atención, regresa y vuelve a empezar.

Entonces, tras unos breves instantes, deja que se disuelva el pensamiento. Deja que poco a poco vaya pasando a un segundo plano. Fíjate en lo que queda: un «sentimiento» de paz. Un sentimiento de profunda paz. La mente está tranquila. Existe una quietud en el corazón de tu ser. Estás en silencio y tranquilo. En silencio y tranquilo. En silencio... y... tranquilo. Permanece en esa quietud. Escucha el silencio, y devuelve la conciencia a tu cuerpo, a la silla, a la estancia en la que te hallas. Vuelve al aquí y ahora de la estancia en la que te hallas. Pero tráete esa quietud. Al mirar a través de tus ojos, mira desde esa quietud. Al escuchar con tus oídos, escucha desde esa quietud. Al hablar, habla desde esa quietud. Fíjate entonces en cómo entra esa quietud tuya en la estancia y en que los que te rodean están ahora algo más tranquilos, algo más en paz, consigo mismos. Al menos durante unos instantes.

La segunda práctica
Contemplación

No basta con la meditación para despertar plenamente a ser quien eres, que es nadie y nada. No basta con garantizar que estás despierto y eres consciente en todas las situaciones y circunstancias. Hay que combinarlo con otras tres prácticas: contemplación, aplicación y contribución. La contemplación implica mirar al infinito fijamente y de vez en cuando mientras haces una de estas dos cosas:

Reflexionar sobre una experiencia que acabas de tener

Pongamos que acabas de enfadarte con alguien. ¿Qué emoción has sentido? Di qué enfermedad del alma has sentido. ¿Por qué has sufrido? ¿Te has fijado en que ha sido lo que TÚ has pensado o hecho lo que te ha llevado a enfadarte y no ellos? ¿Por qué? ¿Qué ha provocado dentro de ti esa reacción? ¿Hay algún patrón? ¿Había algo que quisieras o que creyeras que no ibas a conseguir? ¿Quién intentabas ser cuando has reaccionado? ¿Te has fijado en que tu momento de enfermedad ha surgido porque intentabas ser alguien que no eres?

Sé delicado con tu proceso de autoindagación reflexiva y contemplativa.

Muéstrate curioso y fascinado, pero no seas obsesivo en tu búsqueda.

Lee y reflexiona sobre la sabiduría de otra persona

Elige una pequeña perla de sabiduría de otra persona y «excava» en ella para encontrar significado y nuevas percepciones en tu propia conciencia. ¿Puede aplicarse lo que dicen a tu caso? Si no es así, ¿por qué? ¿Hay algún motivo por el que te identifiques tan claramente con lo que dicen? ¿Hay algún motivo para que te opongas a lo que indican? ¿Qué más cosas revela esta perla de sabiduría? ¿Hacia dónde te lleva?

La contemplación interna es el equivalente espiritual del estudio académico del mundo, pese a estar muy lejos de ser académica.

De ella surgen momentos en los que ves y comprendes que existe un significado más profundo en aquello que pensabas que sabías, una percepción más profunda de lo que anteriormente dabas por sentado; surgen los momentos de revelación, y llegas a la comprensión. La contemplación te ayuda a reinterpretar el mundo y tu experiencia en él con mayor precisión, lo cual te revelará de forma exacta cómo creas el mundo... ¡en tu interior!

En la contemplación revisas, reflexionas y piensas, mientras que en la meditación rebasas las limitaciones de la memoria y el pensamiento. En la contemplación exploras las conexiones entre las distintas percepciones, generando un nuevo significado. En la meditación no buscas nada, no quieres nada. En la meditación accedes a tu poder interior. En la contemplación accedes a tu sabiduría interior. Poder y sabiduría son tus más valiosos recursos internos, pero solo tú puedes acceder a ellos por ti mismo. Esto explica por qué la espiritualidad, o el «despertar» a la verdad según la cual el espíritu es lo que tú eres, nunca puede ser materia académica.

Recuerda que no estás intentando cambiarte. Estás despertando y te estás dando cuenta de quién eres y quién has sido siempre. Las prácticas de meditación y contemplación te harán despertar de tu sueño y te ayudarán a deshacerte de todas las ilusiones. Si tú quieres, por supuesto.

La tercera práctica
Aplicación

Aunque suele haber patrones en nuestra forma de vivir que hacen que cada día sea parecido al anterior, la realidad es que cada día es distinto. Cada momento es único, y nunca se repetirá. Cada acción e interacción son distintas. Por eso cada día y cada interacción son una oportunidad para aplicar todo lo que vas comprendiendo. Cuando despiertas tu conciencia a verdades más profundas a través de la meditación y la contemplación, estás invocando y evocando la comprensión. Empiezas a ver con claridad qué es verdadero y a diferenciarlo de lo falso. Si no actúas sobre lo que estás comprendiendo y redescubriendo en tu interior, te perderás la oportunidad de salvar la distancia entre teoría y práctica, entre lo ideal y lo real, entre soñar la vida y vivirla totalmente despierto.

Tus viejas tendencias y rasgos, esos viejos hábitos de tu personalidad, solo se disipan del todo cuando cambias de rumbo, guiándote por tu forma de comprender lo verdadero. Pierden su influencia sobre ti. Igual que unas cadenas con candado alrededor de tu cuerpo, ese candado llamado «creencia» se abre de golpe y las cadenas de todas las ilusiones surgidas de aquellas «creencias virales» se disipan libremente. Con esa libertad llegan una paz y una satisfacción tan naturales como natural es el color amarillo para el narciso. Pero eso solo ocurre cuando actúas sobre lo que comprendes, solo cuando comprendes tu «condición de verdadero» y deliberadamente dejas que esta conforme y defina tus actitudes y comportamientos.

Cada día te ofrece innumerables oportunidades de ser tu yo natural y despierto, de integrar tu verdadera naturaleza, que es pacífica, amorosa y alegre, en tus intercambios con los demás. Entonces te darás cuenta también de por qué, en algunos momentos y situaciones, aún no eres capaz de hacerlo. Recuerda que no estás aplicando, ni practicando, para cambiar tu «yo» sino para «revelar y recuperar» tu estado del ser, invariable y estable, ¡que siempre HA ESTADO y ESTÁ! A veces solo tienes que reconocer lo que hay en el camino, simplemente porque, en esos momentos, ¡lo que hay EN el camino ES el camino!

Tres preguntas que invitan a la reflexión sobre la aplicación de todo aquello que has comprendido:

1. ¿Cómo ves el día que ahora mismo empieza?

2. Enumera aquellas situaciones en las que podrías aplicar lo que has comprendido.

3. Asigna a cada situación algo que hayas comprendido.

La cuarta práctica
Contribución

En el momento en que nacemos en este mundo, la gran mayoría de nosotros nacemos en un «sistema de creencias virales» concreto. Es un sistema de creencias responsable de la destrucción de vidas innumerables, por no hablar de los miles de millones de personas cuya felicidad se ve destruida a diario. Es un sistema que dice: «Para vivir una vida feliz debes desear y adquirir, acumular y poseer». Nadie parece capaz de explicar por qué seguir este «edicto viral», que está integrado en la cultura de casi todas las sociedades, es actuar contra la naturaleza de la propia vida. Es desafiar la naturaleza, tanto la del yo como la del mundo.

Forma parte de nuestra naturaleza dar, irradiar nuestra energía hacia el mundo de las relaciones con los demás y hacia el mundo en sí. No forma parte de nuestra naturaleza intentar traer el mundo hacia nosotros. Sin embargo, la mayoría de nosotros desarrolla —y vive con— una tendencia a intentar obtener algo del mundo, a adquirir algo de alguien en el mundo, creyendo que es así como funciona la vida. No nos damos cuenta de que esta intención y esta creencia viral se hallan en la base de buena parte del estrés y el sufrimiento cotidianos. Es lo que nos está, literalmente, haciendo infelices. Es el síntoma y la causa de todos los momentos de enfermedad del alma que surgen en todas nuestras relaciones. Sí, es cierto que adquirir algo nos entusiasma y nos motiva, en un estímulo que muchos denominarían *felicidad*. Pero no es una felicidad real, sino únicamente pura estimulación. Eso explica por qué no dura mucho y por qué nosotros desarrollamos también en nuestra personalidad el hábito de «querer más y más». Independientemente de cuánto creamos que hemos adquirido, seguimos queriendo más.

Es, pues, muy recomendable que encuentres en tu vida un contexto en el que dar sin buscar absolutamente nada a cambio.

Puedes dar a muchos niveles —tiempo, energía, ayuda, consejo, apoyo—; la intención es lo que cuenta. La línea que va de la intención a la acción es la que requiere la motivación de «dar» sin esperar nada a cambio. La consiguiente satisfacción que nace de dentro es la señal de que el hábito de querer y tomar va perdiendo el poder de gobernar tu comportamiento y, por lo tanto, el poder de convertirte en alguien desgraciado. Lo que debes hacer es comprobar si tu contribución altruista responde a una agenda que hay oculta tras ella. Se trata de una agenda sutil. Estate atento a cualquier tipo de expectativa: es el primer síntoma de una enfermedad inevitable.

Rápidamente empezarás a notar tres cosas. Primero, que en tu interior nace un profundo sentimiento. Es el sentimiento de «dar poder». Puede ir acompañado del reconocimiento claro de lo inmenso que es tu valor. Segundo, que cada vez aprecias y entiendes más, y más profundamente, lo que experimentan los demás, ya que llegas a comprender de forma natural las ideas de otras personas hacia las que extiendes tu yo, sin llegar a compartir sus sentimientos con ellas. Tercero, los viejos hábitos de «dame, dame, dame», los viejos hilos de querer y desear, que antes mantenían como una pieza el disfraz de tu personalidad, empiezan a deteriorarse y pierden influencia sobre tus motivos e intenciones. La infelicidad llama a la puerta, porque toda infelicidad deriva básicamente de la «creencia» de no conseguir lo que «quiero».

¡Cuatro al día!
Y una más

Es la combinación de las cuatro prácticas anteriores lo que facilita —y permite mantener— tu despertar y la curación de todas las enfermedades del alma que hemos tratado en este libro, ¡y más incluso!

Pero si quieres acelerar el proceso, aún dispones de una quinta práctica. Júntate con personas que estén practicando también su despertar. Estar en el «campo energético» de personas con la misma intención y enfoque espiritual, con la misma motivación e interés, es algo parecido a esas pequeñas partículas que son lanzadas a través de túneles en el CERN de Suiza. Es la presencia de un poderoso campo electromagnético lo que les hace moverse más rápidamente. Del mismo modo, es el «campo energético espiritual» de una comunidad de personas que despiertan juntas lo que intensifica y acelera nuestro proceso personal. Pero sin prisas, claro está.

En el CERN, las partículas también son guiadas para que acaben chocando entre ellas y los científicos puedan observar el comportamiento resultante. En una comunidad espiritual la intención no es hacer que choquen unos miembros con otros, pero lo cierto es que habrá momentos en los que serán inevitables los roces entre las distintas personalidades, que se irritarán unas con otras y, por supuesto, llegarán a «aplastarse» entre ellas. Pero no con violencia física, sino simplemente enfrentándose como espejos unas de otras. Son instantes de un valor incalculable, ya que nos dan la oportunidad de mirar y observar, de estudiar y comprender nuestro propio comportamiento, nuestras propias reacciones. Solo entonces podemos sentir hasta qué punto estamos despiertos y somos conscientes. Solo en esos instantes podemos saber cómo estamos progresando, ya que reactivamos y recuperamos el sistema inmune del alma para su pleno funcionamiento. Solo entonces sabremos hasta qué punto nos sentimos bien con nuestro ser.

Entrena tu yo mediante el coaching para alcanzar el bienestar

En la década pasada asistimos a la aparición y el ascenso del *coaching*. En parte porque se empezó a ver que podemos ayudarnos unos a otros a despertar todo nuestro potencial, y en parte porque cada vez más personas intentan cambiar el recorrido de sus vidas y crear una trayectoria profesional que sea de gran utilidad para los demás. El *coaching* se ha convertido en algo de moda que hacer y a lo que aspirar.

Pero, igual que el *counseling*, no se trata de una habilidad o un arte que pueda dominarse tras un seminario de fin de semana o asistiendo a una serie de talleres reglados. Solo se desarrolla en paralelo a una conciencia expresamente cultivada sobre lo que ocurre dentro de uno mismo y un intercambio frecuente con otras personas en conversaciones sobre temas profundos relacionados con la espiritualidad.

Aquí tienes, pues, tu oportunidad de emplear el auto-*coaching* para practicar sobre tu yo; eso correspondería totalmente a la segunda práctica, la CONTEMPLACIÓN. Una de las habilidades más importantes que debe tener un *coach* es la capacidad de hacer la pregunta adecuada para que la otra persona encuentre por sí misma la respuesta y genere sus propias «comprensiones». El siguiente ejercicio trata sobre la felicidad. Todas las enfermedades del alma que hemos estado analizando aquí también son un síntoma de pérdida de la felicidad personal. La causa, como hemos visto, siempre es un conjunto de creencias virales que hemos asimilado y potenciado para definir nuestros sentimientos, pensamientos y acciones.

Cuando se trata de felicidad, las creencias que «interfieren» no son solo virales para nuestra conciencia sino también «tóxicas». Así pues, en este tramo final del tiempo que hemos pasado juntos encontrarás unas reflexiones sobre la felicidad auténtica y algunas de las creencias más tóxicas que pueden llegar a «acabar con ella». También hay una serie de preguntas que te invitan a la contemplación y a la reflexión personal. Son preguntas que, si las aprovechas de manera eficaz, deberían llevarte a recordar, comprender y revelar las verdades que ya conoces en el interior de tu yo.

Si no supieras ya lo que es verdadero, te volverías loco y no sabrías cómo pensar, relacionarte y vivir en este mundo. Casi no tendrías inteligencia. La verdad es la única cura para las creencias virales y tóxicas que provocan todas nuestras enfermedades del alma y, en último término, todas las enfermedades de nuestros cuerpos. Solo tienes que comprenderlo y traerlo de nuevo a la vida, y de ese modo volverás a ser un ser de bienestar.

Desintoxicar la conciencia para recuperar la auténtica felicidad

Si alguien te dijera que siempre estás feliz, incluso cuando te sientes desesperanzado, deprimido y tienes el ánimo por los suelos, ¿le creerías? Si alguien te dijera que la felicidad es tu naturaleza real, verdadera, inherente, original y eterna pese a tu habitual estado de ánimo sensiblero o a esa maldita realidad de cada lunes por la mañana, ¿le creerías? Si alguien te dijera que el santo grial de la felicidad ha residido siempre en tu corazón a pesar de que el mundo te convenza de que solo puedes encontrarla en unos grandes almacenes, ¿le creerías?

Casi todo lo que hacemos y perseguimos está motivado por la búsqueda de la felicidad. Sin embargo, al parecer nadie ha podido explicarnos todavía qué es exactamente la felicidad o cómo podemos experimentarla. Como resultado de ello, ha sido confundida con muchos otros sentimientos, se ha visto empañada por muchas promesas falsas y se ha perdido entre muchas otras ilusiones.

La felicidad es un estado del ser, pero es difícil describirla con precisión porque es un estado que «sientes», y el significado de las palabras que utilizamos para cada sentimiento es distinto dependiendo de la persona. En todo caso, ahí está. ¿Te «sientes» identificado con ello?

Si te sientas y reflexionas sobre «qué es la felicidad», al menos durante unos instantes, es probable que se te ocurran tres sentimientos predominantes para esos momentos en los que estás realmente feliz: **satisfacción**, **alegría** y **dicha**. No es una satisfacción tipo pereza soporífera, ni la alegría del grito de excitación que sale cuando llega un nuevo hijo, ni la dicha propia de un estado provocado por determinadas sustancias o por la victoria de tu equipo. Entonces, ¿qué clase de satisfacción, alegría y dicha es?

La auténtica felicidad implica una SATISFACCIÓN que sale de forma natural cuando no hay nada ni nadie que pueda molestarte. ¡Ya no tienes que apretar ningún botón! Es una satisfacción únicamente posible cuando ya no «deseas» nada ni a nadie, simplemente porque has entendido que ya no «necesitas» que nada ni nadie «te hagan»... ¡feliz! ¡Mientras haya deseo, habrá insatisfacción!

Hay satisfacción en esos momentos en los que puedes aceptar a todo el mundo tal como es y a todas las cosas tal como son, siempre, en todo lugar y en todo momento. Recuerda que la aceptación no significa que estés de acuerdo con los demás o que toleres lo que hayan hecho. Es una serena aceptación que surge al reconocer que, en palabras del Desiderata, todo está marchando como debiera. Parece fácil pero no lo es, sencillamente porque, entre otras cosas, no deberemos apegarnos a ninguna idea sobre cómo queremos que sean el mundo y los demás, ni identificarnos con nada ni nadie del mundo. ¡Y no es un desafío interno cualquiera!

La auténtica felicidad implica una ALEGRÍA que surge naturalmente de lo más profundo del interior cuando estamos en el proceso de aquello que tú/yo/nosotros estamos diseñados para hacer, que es «ser creativos». No creativos como en la pintura o la poesía, o incluso haciendo algo en el mundo; es la forma más profunda de creatividad, es decir, incorporar tu verdadera naturaleza, tu verdadero estado, que es pacífico y amoroso, al mundo por medio de formas diversas, entre ellas las de tus intenciones, las de tus pensamientos, las de tus actitudes y las de tus comportamientos. Son, estas, las principales formas que todos nosotros creamos. Son las formas de la vida, y viviéndolas se nos presenta a cada uno de nosotros la oportunidad de crear simplemente estando vivos. No obstante, solo reconocemos este nivel de creatividad cuando entendemos que nosotros mismos no somos una «forma física» sino la energía de la conciencia, la energía del ser sin forma llamado a veces *alma*. Es, esta, la energía espiritual que «somos» al estimular y «recuperar» la forma física que ocupamos. Desde dentro vuelve a presentarse la alegría cuando comprendo que no he venido a obtener una vida, sino a crearla, junto con otros.

La auténtica felicidad implica una DICHA que surge de forma natural mientras sigamos siendo libres en nuestro interior. Mira y escucha las jóvenes golondrinas cuando aprenden a volar en una cálida noche de verano. Escucha su griterío extático mientras hacen zigzags en el cielo. Se están «deleitando» en la libertad del vuelo. Es una gran metáfora para el espíritu, para nuestra vida. Sí que degustamos la dicha y la delicia de esta clase de libertad, pero solo muy de vez en cuando. ¿Por qué? Porque la mayor parte del tiempo no somos libres por dentro. ¿Por qué? Porque aprendemos a estar apegados y, por tanto, a temer la pérdida de los objetos que constituyen nuestro apego. Es un apego que nos mantiene anclados y, sin embargo, inseguros. Saboteamos nuestra libertad interior con cualquier tipo de apego. Donde hay apego hay temor; donde hay temor no puede existir la dicha de la auténtica felicidad.

El estado natural de felicidad

Existe una idea, que unos consideran perspicaz y otros evidente, según la cual la conciencia (el yo) brota como el agua, pura y natural, libre de todas las toxinas o de cualquier forma de contaminación. Hasta que no pasa un tiempo y llega a la tierra desde las nubes, no empieza a absorber las distintas toxinas y contaminarse de ellas. A raíz de eso pierde su pureza, su naturalidad. Se pone en peligro su estado original. Hoy en día somos muy conscientes de las toxinas que contiene nuestra agua. Mucha gente gasta grandes cantidades de dinero en sistemas de purificación del agua para no poner en peligro su salud física. Intentan extraer las siete toxinas que, según todos los estudios, contiene el agua del grifo: fluoruro, cloro, sustancias radioactivas, restos de productos farmacéuticos, cromo, metales pesados y arsénico, pero puede incluso que sean más.

¿Podría darse un proceso similar con lo que denominamos *felicidad*? ¿Podría la felicidad ser un estado original, puro y natural de... la conciencia? ¿Podría ser que nuestra conciencia hubiera sido contaminada por una serie de toxinas que la ponen en peligro? Ninguno de nosotros puede saber la respuesta a estas preguntas hasta hacer comprobaciones en el laboratorio de nuestra conciencia, nuestro yo; hasta investigar y ver por nosotros mismos. Artículos y libros, seminarios y retiros pueden «ayudarnos»; las prácticas de meditación y contemplación pueden servirnos para mirar en la dirección correcta, para reconocer si es verdadero o no. Ahora bien, hasta que podemos «ver» y «entender» desde nuestro yo qué está saboteando nuestra «felicidad natural», nuestro estado puro y feliz, no podemos eliminar las toxinas y liberar nuestro yo.

Una de las primeras metas del *coaching* efectivo es ayudar a la persona a hacerse las preguntas adecuadas para mejorar la conciencia de sí misma y la «comprensión perspicaz» de todo aquello que se interpone en el camino hacia su felicidad. Evaluemos, pues, la teoría que defiende que «la felicidad es natural» y veamos si podemos encontrar las preguntas adecuadas, que, usadas reflexivamente, pueden ayudarnos a reconocer las toxinas que desde nuestra conciencia están contaminando y envenenando nuestro estado natural de felicidad.

Aunque el agua que brota de nuestro grifo «parece» pura, nosotros, al mismo tiempo, reconocemos que no lo es. Algo parecido ocurre con nuestro estado de felicidad. Normalmente, lo que «parecen» sentimientos de felicidad no son nuestro verdadero y natural estado de felicidad. Una de las señales que indican que la felicidad que creemos sentir no es «auténtica» es que nuestros sentimientos suelen depender de algo o alguien «de ahí fuera». No hay coherencia, porque lo que creemos un sentimiento de felicidad va y viene. Su intensidad sube y baja. No es un sentimiento que transmita energía; con el tiempo, lo que hace es más bien consumirla.

Si vigilas estos síntomas es porque algo tóxico ha contaminado tu conciencia. Estas toxinas son otra serie de creencias aprendidas. Parecen existir varias «creencias tóxicas» que cimientan el hábito de crear una «falsa felicidad». Veremos ahora siete de las principales creencias tóxicas que se han consolidado en nuestra conciencia. Son toxinas populares que todos tendemos a absorber, sobre todo de jóvenes. Veamos si las reconoces en tu yo.

Creencia tóxica n.º 1
¡Adquirir me hace feliz!

Creemos que al adquirir ciertos objetos, o a ciertas «parejas», encontraremos la felicidad. Sin embargo, la mayoría de personas que han adquirido más de lo que necesitan suelen confirmar que, en el mejor de los casos, lo único que obtienen es una estimulación temporal y, en el peor, una falsa sensación de seguridad. También mucha más responsabilidad: más cosas en qué pensar, y por tanto, ¡más cosas «por las que preocuparse»! Y, si no ponemos atención, podemos utilizar fácilmente nuestras adquisiciones para crear una falsa autoimagen e intentar impresionar a los demás. ¡Confundimos nuestra riqueza con lo que valemos! Sin embargo, podemos volvernos adictos a esta forma de intentar ser felices porque siempre existirá esa emoción inicial de cada nueva adquisición. Que siempre se acaba diluyendo... Así pues, debemos eliminar la creencia tóxica de que la adquisición conlleva felicidad, si no, ¡podemos volvernos adictos a la acumulación!

 **Preguntas de *coaching* que invitan a la autorreflexión:** De todo lo que quieres, ¿que «crees» que te hará feliz? Haz una lista y a continuación pregunta a tu yo si está seguro de que esas cosas le traerán una auténtica felicidad. Y en caso contrario, ¿por qué no?

Creencia tóxica n.º 2
Lograr objetivos me hace feliz

Esta es la creencia que nos hace marcarnos continuamente objetivos y a continuación dedicar tiempo y energía a esforzarnos por alcanzarlos. No es malo, dirían algunos; es importante focalizar tu energía, dirían otros. Sin embargo, cuando creemos que lograr objetivos trae la felicidad y centramos nuestro tiempo y energía en lograrlos, solemos hacer dos cosas que lo que harán es garantizarnos la infelicidad. Tendemos a demorar nuestra felicidad hasta lograr el objetivo buscado. Lo más probable es que por el camino creemos un temor, conocido como la preocupación por la posibilidad de no conseguirlo. A veces se activa una creencia más sutil, según la cual tienes que «merecerte» ser feliz. Eso quiere decir que tienes que trabajar duro para ser feliz, que tienes que ganarte tu felicidad. Algo que suele definirse como la ética protestante escocesa del trabajo. ¡Una garantía absoluta de perpetua infelicidad!

 **Preguntas de *coaching* que invitan a la autorreflexión:** De todo lo que persigues, ¿qué crees que te hará feliz? Haz una lista y a continuación

pregunta a tu yo si está seguro de que esos logros le harán feliz. Y en caso contrario, ¿por qué no?

Creencia tóxica n.º 3
Excitación es igual a felicidad

Solemos aprender esta creencia de muy pequeños. Los padres, cuando nos llevan a nuestro primer circo o acontecimiento deportivo, lo que hacen es transmitirnos la ilusión de que la excitación es felicidad. Se excitan y a eso lo llaman felicidad, y nosotros les creemos. ¡Pero no saben lo que están enseñando! La excitación es lo que ocurre cuando hierve el agua del té. Las moléculas se excitan, se agitan. Sin embargo, para un ser humano la felicidad no es agitación. La felicidad es, tal como hemos visto, un estado de satisfacción en el que la alegría fluye naturalmente desde nuestro corazón hacia el mundo.

Preguntas de *coaching* que invitan a la autorreflexión: De todo lo que utilizas para excitarte, ¿qué crees que te hace feliz? Haz una lista y a continuación pregunta a tu yo si está seguro de que la excitación en esos casos equivale realmente a felicidad. Y en caso contrario, ¿por qué no?

Creencia tóxica n.º 4
La felicidad depende de los demás

Todos recordamos ese momento en el que hemos dicho: «¡Me he puesto tan contento al oírte decir eso! Me has hecho muy feliz». ¿Pero lo estabas realmente? ¿Es otra persona la que te hace feliz? Eso parece al menos. Y eso es lo que nos han enseñado a la mayoría. Olvidamos que somos nosotros los responsables de nuestro propio estado del ser, y por lo tanto de nuestro estado de felicidad. Cuando hacemos que nuestros sentimientos dependan de lo que dicen los demás y de su conducta hacia nosotros, estamos probablemente ante una de las toxinas más difíciles de eliminar de nuestra conciencia. Una pregunta puede iniciar el proceso de autoliberación: «¿Quién es exactamente el responsable de mi felicidad?». ¿Puedes sentirte satisfecho sin importarte lo que dicen o hacen los demás? Si no es así, ¿por qué no? ¿Qué hay en nuestro interior que esté tan supeditado a lo que dicen o hacen los demás? Quizás otra pregunta útil para la reflexión sea esta: ¿qué «parece» que falta en nuestro interior? ¿Qué nos impide ser conscientes de nuestra satisfacción natural?

Más preguntas de *coaching* que invitan a la autorreflexión: ¿De quién dependes en tu vida para hacerte feliz? Haz una lista y a continuación pregunta a tu yo si realmente esas personas le hacen feliz. ¿Realmente son responsables de tu felicidad? Y en caso contrario, ¿por qué no?

Creencia tóxica n.º 5
La felicidad es el resultado del apego

«Eso es mío, es todo mío: mi casa, mi coche, mi dinero, mi pareja, mis hijos». En momentos así, lo que estamos diciendo realmente es que para ser felices debemos estar apegados a estas cosas. ¿Cómo sabemos que la «miedad», el apego, solo traerá consigo infelicidad? Porque habrá muchos momentos de ansiedad, tensión, preocupación e incluso pánico, ya que «tememos» perder aquello a lo que estamos apegados. Cada uno de esos momentos son momentos de infelicidad. De algún modo aprendemos a tolerar esos sentimientos y hasta empezamos a creer que son «naturales». Podemos incluso ir a ver una película de terror y, aunque hayamos pasado mucho miedo, contarles después a los demás que la película ha sido genial y que estamos muy contentos de haber ido.

Preguntas de *coaching* que invitan a la autorreflexión: De todo lo que me causa apego, ¿qué diría que me hace feliz? Haz una lista y a continuación pregunta a tu yo si está seguro de que realmente eso le hace feliz y si podría ser feliz sin ello. Y en caso contrario, ¿por qué no?

Creencia tóxica n.º 6
La felicidad es un alivio para el dolor o el sufrimiento

Tal vez la confusión más habitual sobre la felicidad queda reflejada cuando, tras el dolor o el sufrimiento, decimos: «Estoy tan feliz de que haya desaparecido el dolor». Pero el alivio del dolor nunca puede ser una auténtica felicidad, solo un alivio temporal de la infelicidad. La felicidad auténtica solo es posible cuando podemos aceptar la inevitabilidad del dolor físico y cuando hemos entendido y aplicado la sabiduría que implica no crear más sufrimiento. El dolor es físico, por lo que es inevitable que aparezca en algún momento. Sin embargo, el sufrimiento es mental y emocional, por lo que siempre será una creación totalmente nuestra. Y es que consideramos difícil ver a través de las brumas de esa ilusión básica según la cual son los demás los responsables de nuestros sentimientos. Pero el hecho de conseguirlo señala el principio del fin de nuestro «sufrimiento», lo cual, de hecho, constituye el final de la infelicidad.

 **Preguntas de** *coaching* **que invitan a la autorreflexión:** ¿Qué clases de dolor quisiera que se terminaran para ser feliz? ¿Existe una lista? ¿Puedes decidir que aceptas el dolor aquí y ahora? ¿Puedes discernir cómo haces sufrir a tu yo? ¡Descríbelo!

Creencia tóxica n.º 7
La felicidad solo es posible cuando se ha alcanzado el éxito

Muchos de nosotros, muy bien condicionados para creer que el mundo y la vida son innatamente competitivos, formamos la creencia de que el éxito equivale a ganar. Lo que podría incluir, y de hecho incluye, ganar nuestra supervivencia. Por tanto, vivimos temiendo perder, temiendo no sobrevivir, lo cual genera muchos momentos de infelicidad. Entonces empezamos a comparar nuestro éxito con el de los demás, lo que nos lleva a más momentos de infelicidad...

Intentar obtener mayor éxito hoy que ayer, aspirar a tener más éxito que los demás, es lo que convierte la vida en un viaje «ultraserio», una expedición sin alegría, una estancia de insatisfacción. Solo tienes que observar la cara de nuestros héroes deportivos cuando buscan el «éxito» en plena competición; verás la total ausencia de una felicidad auténtica y natural. ¡Y nosotros, sin embargo, creemos que el éxito les produce una gran felicidad! Es entonces cuando empezamos a creer que el dolor que provoca el esfuerzo es el único camino para alcanzar el éxito y, consiguientemente, la felicidad. ¡Y así, queriendo ser felices, empezamos a convertirnos en seres totalmente infelices!

Desde este punto de vista, lo único que puedes hacer es... ¡reír!

 **Preguntas de *coaching* que invitan a la autorreflexión:** De todos los éxitos que quieres alcanzar, ¿cuáles crees que te traerán felicidad? Haz una lista y a continuación pregunta a tu yo si está seguro de que esos éxitos le traerán una felicidad real, auténtica y natural. Y en caso contrario, ¿por qué no?

Quizás hay muchas más creencias tóxicas que contaminan nuestra conciencia y sabotean nuestro estado de satisfacción natural, nuestra alegría pura, nuestra dicha original. Ahora bien, reconocerlas y entender cómo provocan los sentimientos de insatisfacción y falta de alegría y esos frecuentes momentos de mal humor constituye el primer paso para purificar nuestra conciencia.

Del mismo modo que apreciamos el agua pura frente al agua contaminada, el proceso espiritual de purificación de nuestra conciencia incluye también la eliminación de las creencias virales y tóxicas que se absorben por el camino.

Las preguntas te orientan a la reflexión para que profundices tu conocimiento e invoques tu comprensión. No obstante, es igualmente necesario el tiempo transcurrido en ese profundo estado de conciencia. Es en momentos de meditación cuando se puede tocar y degustar nuestro estado original y no contaminado del ser. Cuanto más lo hagas, más fácil será reconocer, extraer y eliminar todo aquello que contamina dicho estado.

Deseo que estés bien, te mantengas bien y sigas bien...
¡Y gracias por leerme!

El sistema inmunitario del ALMA
Haz tu propio diagnóstico. Parte I

Este es un ejercicio de reconocimiento que te permite ver cuál es el tipo de enfermedad del alma que más «insperimentas» y, a continuación, saber qué debes comprender para volver a un estado de no enfermedad.

Enfermedad del alma	Pensamientos	Emociones	Comportamiento	Creencia viral (la causa)	La verdad (la cura)
Parálisis	«Está a punto de ocurrir algo terrible...» «Estoy seguro de que va a acabar mal...»	El miedo y sus variaciones (en este caso se trata de «preocupación»)	Defensivo Agresivo Protector	Estoy «a punto» de perder algo o a alguien que valoro	No puedo perder algo que sea «real» porque no hay nada que sea «mío»
Incapacitación		A			
Alergia					
Incontinencia					
Indigestión					

Cómo liberar tu ser de todo tipo de enfermedades

Une los síntomas con la enfermedad de la otra página.

Los pensamientos van entre comillas, las emociones en cursiva y la verdad en negrita.

A	B	C	D	E
Pesar *Frustración* *Aprensión* *(la matriz de la emoción)*	*Temor a perderse algo* *Excitación* *Agotamiento*	Si no estoy a la última podría perderme algo importante	«Tengo que decirles...» «Espera a que les diga...» «No lo van a creer...»	Tendencia a evitar Agresivo Controlador

F	G	H	J	K
Hablar Contar historias Incapacidad para escuchar	«Les he defraudado...» «Qué error tan grave he cometido...» «No debería haber dicho/hecho eso...»	Necesito que me reafirmen como alguien «con información privilegiada» y, por lo tanto, como «alguien importante» en la vida de los demás	Arrepentido Servil Tendencia a esconderse	*Desdén* *Excitación* *Indignación*

L	M	N	O	P
Todos creamos una personalidad distinta	*Asco* *Irritación* *Desánimo*	He hecho algo muy grave, así que soy una mala persona	No soy ni bueno ni malo Sencillamente ... ¡soy yo!	No hay nada más importante que el resto de cosas en el mundo, «ahí fuera»

Q	R	S	T	V
Estoy bien como «soy» y no necesito el reconocimiento de nadie	No puedo «aceptarlos» ni llevarme bien con ellos ¡Deberían ser como yo!	Siempre consumiendo información e historias sobre los demás	«Vaya, otra vez ellos...» «No puedo soportar a esa persona...»	«Me pregunto qué está pasando...» «Tengo que saber qué está pasando...»

El Sistema Inmunitario del Alma

El sistema inmunitario del ALMA
Haz tu propio diagnóstico. Parte II

Enfermedad del alma	Pensamientos	Emociones	Comportamiento	Creencia viral (la causa)	La verdad (que cura)
Ceguera	«¿Cómo te atreves...?» «Eso me pertenece...» «Soy dueño de esto...»	*Variaciones de la tristeza, la ira y el temor*	Reactivo Llorón Tendencia a esconderse	El apego a cosas, gente, lugares, etc., forma parte de la naturaleza humana	El apego es la causa subyacente de toda enfermedad del alma
Enfermedad cardíaca					
Locura					
Diabetes					
Artritis					

Cómo liberar tu ser de todo tipo de enfermedades

Une los síntomas con la enfermedad de la otra página.

Los pensamientos van entre comillas, las emociones en cursiva y la verdad en negrita

A	B	C	D	E
Para mí es un honor recibir su afecto y su aprecio	Los demás deberían hacer lo que digo Son otros los responsables de mi felicidad	«Realmente no saben lo que están haciendo...» «Yo sé más y mejor...»	«Rígido bloqueado inflexible...»	Las cosas y las personas están para poseerlas, así que puedes ser su propietario y, en consecuencia, puedes perderlas

F	G	H	J	K
Tendencia a bloquear Tendencia a negar Desconfiado Avergonzado	*Irritación Frustración Ira, en ocasiones Miedo subyacente*	«Acabo de perder...» «¡Qué pérdida tan terrible...»	No merezco todo ese amor y amabilidad	*Leve ansiedad Aprensión*

L	M	N	O	P
Nunca pierdo nada «real» porque no hay nada que sea mío	Tengo razón y soy el que más sabe	«Nunca deberían haberlo hecho...» «Deberían castigarlos por ello...» «Debes...»	*Tristeza Pena y sus variaciones*	Gritón Tendencia a ignorar a los demás Criticón Tendencia a atacar Malhumorado

Q	R	S	T	V
Hay muchas formas de ver las cosas y de obtener un buen resultado	Tendencia al lamento Malhumorado Llorón	«Estoy seguro de que no quieren decir eso...» «Deben de querer algo...»	*Ira y sus muchas variaciones*	¡Yo no puedo controlar a nadie! **Soy totalmente responsable de mi felicidad**

166 El Sistema Inmunitario del Alma

Agradecimientos y enlaces

Gracias a algunos de los centros de retiro más bellos en los cuales puede encontrarse el espacio para «ser» y la claridad para «ver» a lo largo de muchos tipos de retiros de fin de semana.

Reino Unido: www.globalretreatcentre.com
Estados Unidos: (Costa Este) www.peacevillageretreat.org - (Costa Oeste) www.anubhutiretreatcenter.org
Australia: www.brahmakumaris.org/au/spiritual-retreats (tres centros de retiro)
Italia: www.casasangam.org

Gracias a Lucinda y Andy por la música que te llega al corazón y que alimenta el alma.
www.blissfulmusic.com

Gracias a Marneta por enseñarnos a todos cómo llegar a los corazones de los niños del mundo.
www.relaxkids.com

Gracias a la red Brahma Kumaris, en cuyos centros cualquier persona puede acceder gratuitamente a enseñanzas sobre la meditación y empezar cualquier actividad, desde una simple práctica de meditación hasta un viaje espiritual personal en las delegaciones situadas en 90 países.
www.brahmakumaris.org/spain
www.brahmakumaris.org

Mi agradecimiento al centro Ammerdown Retreat Centre —un oasis de calma y tranquilidad en el cual reunirse para un retiro íntimo, como hacemos en el mes de agosto todos los años.
www.ammerdown.org

Un profundo aprecio por toda la labor de los amigos de Comic Relief, puesto que llevan tanto nuestras aportaciones económicas como nuestra compasión a un mundo de privación y violencia que es el destino de tantos niños.
www.comicrelief.com

Y finalmente, mis felicitaciones y mi gratitud a Piero por crear Santa Pasta, el nuevo rey de las pastas —las más sanas y las más sabrosas, elaboradas con más energía y de manera más orgánica.
www.santapasta.it

Sobre el autor

Mike George desempeña numerosos papeles, entre ellos autor, profesor espiritual, *coach*, asesor empresarial, mentor y facilitador. Agrupa las tres líneas clave del siglo XXI —inteligencia emocional/espiritual, fomento del liderazgo y aprendizaje continuado. En una mezcla única de percepción, sabiduría y humor, Mike entretiene al mismo tiempo que ilumina, te habla al corazón desde fuera de tu cabeza y te indica el camino mientras se despide de ti en tu viaje. Algunos de sus libros anteriores son: *Los 7 mitos del... ¡verdadero amor!; Transformar la ira en calma interior; 7 estrategias para liberarse del estrés; A la luz de la meditación; Aprender a descubrir la paz interior; Aprender a relajarse*.

Todos los años dirige retiros de conciencia e iluminación por todo el mundo en países como África, Australia, Argentina, Brasil, Chile, Croacia, Alemania, Italia, México, Escandinavia, España y por todo el Reino Unido y Estados Unidos.

Puedes ponerte en contacto con Mike en la dirección electrónica mike@relax7.com y encontrarás un calendario de sus seminarios y charlas en www.relax7.com.

Si estás interesado en recibir la publicación electrónica de Mike titulada *Clear Thinking*, puedes suscribirte a www.relax7.com —es gratis.

Para obtener más información sobre las reflexiones, talleres, seminarios, retiros, charlas y meditaciones de Mike, puedes consultar estas páginas:

www.relax7.com
www.immunesystemofthesoul.com
www.mikegeorgebooks.com

www.ingramcontent.com/pod-product-compliance
Lightning Source LLC
LaVergne TN
LVHW051058080426
835508LV00019B/1948